100 ESCAPADES
nature

Activités de plein air
Hébergement et restauration
Trouvailles

NOTE IMPORTANTE
Toutes les informations contenues dans ce guide ont été vérifiées à l'automne 2007.
Si vous notez des erreurs ou des omissions, nous vous remercions d'avance de les signaler à mdaoust@velo.qc.ca.

Direction de collection : Pierre Hamel
Révision : Diane Boucher
Direction artistique : Josée Caron, José Charron
Cartographie : Maryse Trudeau

1251, rue Rachel Est, Montréal (Québec) H2J 2J9
Téléphone : 514 521-8356
Télécopieur : 514 521-5711
www.geopleinair.com

Dépôt légal – Bibliothèque et Archives nationales du Québec, 2008
ISBN 978-2-922072-40-2

TABLE DES MATIÈRES

Les destinations sont classées par ordre alphabétique des régions. À l'intérieur de chacune des régions, elles sont ensuite classées par ordre alphabétique des lieux et par saison (été et hiver).

TABLE DES MATIÈRES

À NOTER
Sur les cartes, les noms en italique
représentent des localités.

■ ABITIBI-TÉMISCAMINGUE

Un immense territoire de 65 143 km² dont le paysage tout entier a été façonné par le passage des glaciers. Et aussi un patrimoine minier, forestier et agricole, une culture abitibienne, témiscamienne et autochtone, des produits du terroir, des secrets de la nature, des mystères de la faune et des habitants.

NATHALIE SCHNEIDER

RANDONNÉE PÉDESTRE — Observation de la nature

Angliers

Passage des grandes eaux

PARCE QUE LA GÉOMORPHOLOGIE des rives de la rivière des Quinze est très originale, et profondément marquée par le passage des grandes eaux, l'organisme à but non lucratif Récré-Eau des Quinze s'implique depuis sept ans à y développer des activités de plein air. Nous sommes ici au cœur d'un gigantesque bassin hydrographique formé par la rivière des Quinze – qui servait à la drave dès la création du Témiscamingue à la fin du XIXᵉ siècle –, le lac Témiscamingue et la rivière des Outaouais. Ce réseau fluvial, emprunté déjà par les Algonquins depuis des milliers d'années, est la richesse qui a aussi causé leur dépossession territoriale en permettant aux colonisateurs d'accéder si vite aux terres à bûcher puis à labourer.

Récré-Eau des Quinze est un regroupement de quatre municipalités et d'une communauté algonquine (Angliers, Saint-Eugène-de-Guigues, Notre-Dame-du-Nord, Guérin et Temiskaming First Nation) qui vise l'utilisation récréotouristique de la rivière des Quinze où sont installées quatre centrales au fil de l'eau, d'Angliers à Notre-Dame-du-Nord (la dernière remonte à 1967). Ici, point de friction entre amateurs de plein air et travailleurs d'Hydro-Québec : on œuvre de concert à harmoniser l'usage du territoire. Et ces sentiers,

qui longent la rivière sur 12 km, méritent qu'on s'y promène : entre autres, le petit sentier Les Pouvoirs de l'eau (1 km), ainsi nommé en hommage à l'impact évident de l'eau sur le paysage, abrite un promontoire au-dessus de l'île Kakake (« carré » en algonquin), où on accède après un enchevêtrement de grands pins, de blocs erratiques et de spectaculaires marmites géantes.

Repères L'organisme Récré-Eau des Quinze propose quatre sentiers linéaires ou en boucle : Les Pouvoirs de l'eau, 1 km ; Les Explorateurs, 3 km ; L'Île des rapides, 1,5 km ; L'Attawé, 4,7 km. L'accès est gratuit. Le long de la rivière des Outaouais, le chemin du Pouvoir peut être parcouru à vélo de Notre-Dame-du-Nord à Angliers ; trois barrages y sont dispersés.
Info : 819 723-2721 ou www.temiscamingue.net

Comment s'y rendre

On accède à Angliers par la route 391 Nord. L'accès au sentier se fait par le chemin Giovani.

Marais Laperrière

Aux portes de Duhamel-Ouest, à quelques kilomètres au sud d'Angliers, ce milieu humide exceptionnel est bordé par un beau sentier de 2 km qui vous guide au cœur d'une nature riche et foisonnante située dans un microclimat : amphibiens, oiseaux, reptiles et mammifères peuvent y être observés. Un ensemble résidentiel menaçait ce territoire sauvage, et c'est grâce à l'initiative de la municipalité et de sa population qu'on peut aujourd'hui s'y promener en toute quiétude. Des passerelles, des tours d'observation et un centre d'interprétation complètent la visite sur le terrain. Parfait pour une balade familiale. Deux visites guidées par jour.
Tarif : 1 ou 2 $. Info : 819 629-2522

Le *T. E. Draper*

Angliers possède plusieurs centres d'intérêt historique, symboles du développement de cette communauté du Témiscamingue, qui était, de 1925 à 1972, un des dépôts forestiers majeurs du bassin de la rivière des Outaouais. Le célèbre remorqueur de bois *T. E. Draper* en dit long sur l'histoire de la drave dans la région. C'est dans le lac Témiscamingue, un des plus vastes lacs du Québec, qu'arrivait le bois qu'on faisait flotter depuis plusieurs cours d'eau interreliés (la Loutre, des Quinze, Blanche, etc.). De là, le bois était remorqué jusqu'à la rivière des Outaouais. Cet impressionnant remorqueur, achevé en 1929, allait chercher le bois au fond des baies des lacs des Quinze et Simard et le charriait jusqu'au lac Témiscamingue. On peut aujourd'hui le visiter en saison.
Info : 819 949-4431 ou tedraper@tlb.sympatico.ca

nos trouvailles

La Bannik
862, chemin du Vieux-Fort
Duhamel-Ouest
819 622-0922, 1 877 322-0922 ou
www.bannik.ca
Ce complexe récréotouristique, installé sur les rives du lac Témiscamingue, abrite 10 chalets rustiques habitables à l'année, un camping de plus de 100 emplacements et un restaurant gastronomique où on peut déguster des produits locaux.

Chantier de Gédéon
14, rue de la Baie-Miller
Angliers
819 949-4431 ou
tedraper@tlb.sympatico.ca
Ce campement de bûcherons actif au début du XXe siècle comprend camp de contremaître, dortoir, cuisine et écurie, le tout en parfait état de reconstitution. Visites en saison.

Lieu historique national du Canada du Fort-Témiscamingue
834, chemin du Vieux-Fort
Duhamel-Ouest
819 629-3222, 1 888 773-8888 ou
www.pc.gc.ca/lhn-nhs/qc/ temiscamingue
Un des plus importants postes de traite, établi pendant 200 ans au bord du lac Témiscamingue dans un milieu naturel exceptionnel, à ne rater sous aucun prétexte : des falaises magnifiques peuplées de pins rouges centenaires, environnent un des derniers peuplements du genre au Québec.

2 ABITIBI-TÉMISCAMINGUE

CANOT

Lac Kipawa
Un trésor méconnu

FALAISES ESCARPÉES DU BOUCLIER CANADIEN flottant dans les eaux limpides du lac Kipawa : les 1600 km de rives du lac ponctué d'innombrables îles et îlots sont à n'en pas douter un des trésors méconnus du Québec – et pas seulement du Témiscamingue. Ce sont 500 km^2 de paradis pour plaisanciers – canoéistes, kayakistes ou plongeurs. C'est aussi le territoire ancestral des Algonquins de Hunter's Point, petite communauté isolée dans une baie où vivaient encore plusieurs familles jusqu'en 1969.

Harry Saint-Denis, propriétaire de l'entreprise Algonquin Canoe Company et chef d'Eagle Village, est né ici, se rendait en canot jusqu'à la petite école en bois et se souvient d'avoir coulé des jours heureux sur ce lac ancestral. « Quand le gouvernement a commencé à quadriller le territoire pour l'exploiter, les Algonquins n'ont plus pu vivre de la trappe ; ils ont dû partir dans les réserves », raconte le chef algonquin. Comme d'autres, il possède encore un chalet sur le lac, aux premières loges d'un paysage sublime. Et s'occupe de développement durable avec son entreprise qui implique ses concitoyens, surtout les jeunes : « Nous avons le devoir de faire connaître ce territoire à nos jeunes, de les sortir de leurs occupations habituelles : télé, ordinateur, etc. », insiste-t-il. C'est aussi pour cela qu'il a créé cette entreprise, incontestablement une des plus actives de la région, qui offre des sorties guidées, de quelques heures à plusieurs jours en canot-camping, sur le lac Témiscamingue, la rivière des Outaouais, le lac Kipawa ou la rivière Dumoine.

En cette superbe journée, nous évoluons dans le dédale des îles du lac Kipawa, sous un soleil de plomb. Destination : Hunter's Point, pour observer ce lieu quasi mystique devenu aujourd'hui lieu de villégiature. « La conservation de la nature est une affaire hautement politique », dit le très engagé Harry Saint-Denis entre deux coups de pagaie. Lorsque nous arriverons à Hunter's Point, un repas d'orignal et de brochet nous attendra, prouvant ainsi tout le bien de l'hospitalité des Algonquins.

Repères Algonquin Canoe Company est basée à Long Sault (près de North Bay), en Ontario, à quelques pas de la frontière avec le Témiscamingue. Les forfaits guidés en canot-camping (tente, chalet, yourte) varient de quelques heures à douze jours, pour celui sur la Dumoine. L'entreprise gère une boutique d'équipement et de vêtements de plein air, où on peut aussi louer une embarcation.
Info : 705 981-0572, 1 866 889-9788 ou www.algonquincanoe.com

Comment s'y rendre

Emprunter l'autoroute 11 vers North Bay, prendre à droite vers Trout Lake Road, puis l'autoroute 63 Nord vers Témiscaming jusqu'à Long Sault Island.

Algonquins et hydroélectricité

Harry Saint-Denis défend le projet de construction d'une centrale hydroélectrique à Témiscaming, sur la rivière Dumoine, centrale qui serait détenue à 51 % par la communauté algonquine (le reste appartiendrait à un entrepreneur privé), profitant ainsi d'un barrage déjà existant, fermé en 1969. Cette centrale produirait 40 mégawatts, beaucoup moins que l'ancien projet Tabaret, d'Hydro-Québec, qui devait atteindre une production hydroélectrique de 150 mégawatts. Selon Harry Saint-Denis, ce projet moins ambitieux ne nuirait pas à l'écosystème de la rivière et entraînerait des retombées économiques pour des communautés qui sont toujours sans traité avec le gouvernement fédéral.

3 ABITIBI-TÉMISCAMINGUE

KAYAK | Archéologie | Randonnée pédestre

Lac Opasatica

Vaste et sauvage

AU SUD-OUEST DE ROUYN-NORANDA, le lac Opasatica est l'un des plus grands de la région ; son développement se concentre surtout dans la baie de l'Orignal et laisse environ 80 % du lac intact. Ici, le kayak de mer prend une dimension plus sérieuse que dans la plupart des plans d'eau fermés, surtout si une brise se lève et que naissent les vagues. Un chapelet d'îlots, au-dessus desquels virevoltent oiseaux marins et rapaces, émerge aussitôt qu'on gagne le large. Entre ces petites îles, on pagaie à l'abri des courants et des vents, et on goûte au silence retrouvé.

Au bord du lac, au-dessus de la baie Verte, trois beaux sentiers interreliés (12 km) sont aménagés avec le respect dû à leur intégrité naturelle. On les appelle aussi la « piste à Jose » parce que c'est à Jose Mediavilla, un Espagnol conquis par l'Abitibi, qu'on doit son tracé – et son entretien. Au sommet du sentier rouge, la vue qu'on a sur les collines Kekeko, le mont Kanasuta, le mont Lion et le mont

Chaudron valent bien tous les profits générés par la coupe du bois. Le territoire est une réserve de la biodiversité projetée et actuellement sur la table du BAPE pour consultation publique.

Repères Une mise à l'eau est installée sur le lac Opasatica près du terrain de camping Clin d'œil (1 866 797-2998, 819 337-2998 ou www.campingclindoeil.qc.ca). On peut louer des chalets en s'adressant au camping.

Comment s'y rendre

À 15 minutes de Rouyn-Noranda, au bord de la route 101 Sud.

NATHALIE SCHNEIDER

De l'archéologie en prime

«Le lac Opasatica est un axe de circulation important, et sans doute une véritable autoroute préhistorique», explique Marc Côté, archéologue et directeur général d'Archéo 08. Pas étonnant quand on sait que c'est le dernier lac important avant le Saint-Laurent et qu'il se trouve dans l'axe rivière Abitibi/rivière des Outaouais. Des communautés y ont élu domicile dans les derniers 8000 ans, mais on sait que la présence autochtone remonte à au moins 2000 ans. Archéo 08 a entrepris des fouilles en 1987 et a trouvé, notamment, une station de pêche construite sur de la pierre à savon (stéatite) et remontant à 2500 ans av. J.-C., ainsi que des monolithes de 25 tonnes environ, couverts de stries et qui servaient à la confection d'aiguilles et d'instruments en os. On a également découvert un site plus récent (1000 ans av. J.-C.) qui illustre le passage entre le paléolithique et le néolithique. D'autres chantiers sont à l'étude. Archéo 08 : 819 768-2112 ou www.archeo08.qc.ca

Gîte Sous la Voie lactée
1149, rue de la Croix
Montbeillard
819 762-5551
Il ne faut surtout pas passer à côté de ce superbe gîte, les pieds dans l'eau du lac Opasatica. Du goût, du calme et une vue à couper le souffle. Le propriétaire sert un excellent menu gastronomique sur réservation.

Centre éducatif forestier du lac Joannès
703, chemin des Cèdres
Rouyn-Noranda
819 762-8867 ou www.afat.qc.ca
On doit à l'association forestière de l'Abitibi-Témiscamingue d'avoir créé ce domaine comprenant des sentiers de randonnée et proposant toutes sortes d'activités reliées à la forêt et à la foresterie.

La Rose des vents
19, avenue Principale Est
Rouyn-Noranda
819 768-8833
Il a tout l'air d'une table champêtre, ce petit restaurant où l'on apprête la cuisine française et méditerranéenne aux saveurs régionales.

13

4 ABITIBI-TÉMISCAMINGUE

RANDONNÉE PÉDESTRE

Massif des collines Kekeko

La nature sous haute garde

S'IL EST AUSSI BEAU À PARCOURIR, c'est sans doute parce que le massif des collines Kekeko (32,2 km^2), à 10 km de Rouyn-Noranda, a longtemps été épargné par l'avidité des sociétés forestières. Ainsi, sa forêt demeure presque intacte et sa formation géologique, composée d'abris sous roche, de cascades et de couloirs rocheux, complète superbement l'attrait naturel des collines. Encore plus remarquable : ce massif fait l'objet d'une attention et d'un soin quasi maternels de la part de bénévoles locaux, amoureux depuis longtemps de *leurs* collines Kekeko.

C'est à un certain Joseph Jacob qu'on doit d'avoir instauré quelques sentiers de randonnée au début des années 1990 et d'avoir suscité l'énergie de ceux pour qui la forêt peut servir à autre chose qu'à produire des deux-par-quatre. Aujourd'hui, ils sont tout aussi actifs et passionnés, ceux qui parcourent ces sentiers, été comme hiver, en resserrant la protection sur ce territoire désigné « Réserve à l'État ». À chacun de leurs passages, Pierre, Jose, Suzanne, Robert et d'autres membres de l'éminent (et très sympathique) « Club des randonneurs désorganisés » ne manquent jamais de compléter le balisage, de nettoyer les sentiers et d'observer les allées et venues des foreuses qui y pratiquaient encore une exploration soutenue il n'y a pas si longtemps (voir *Liberté pour les Kekeko!* ci-contre).

Au cœur du massif, 12 sentiers de courte randonnée serpentent à travers les forêts denses, sur les escarpements et jusqu'aux caps de roche. Mais c'est du Transkekeko, un sentier de longue randonnée qui traverse les crêtes, qu'on décroche le plus beau point de vue sur cet écosystème forestier où percent de petits lacs limpides au milieu des vallons. D'est en ouest – ou inversement –, la Transkekeko a le mérite de dévoiler une vue panoramique exceptionnelle dénuée désormais de scènes moins propices à l'enchantement : celles des sondeuses et des débusqueuses.

Repères Compter environ six heures pour faire la Transkekeko. Les sentiers sont également accessibles en raquettes.
Info : www.cegepat.qc.ca/sitekekeko

Comment s'y rendre

Direction est-ouest : de la route 391, monter jusqu'au lac Despériers, puis prendre à gauche après le premier lac. Direction ouest-est : départ de l'ancienne route 101, puis suivre la direction Kanasuta après le croisement de la 117.

Liberté pour les Kekeko !

Jusqu'à très récemment, la société minière Cadillac Mining, de Vancouver, pratiquait des forages pour mesurer le potentiel d'exploitation de l'or sur le territoire des collines Kekeko. Le ministère du Développement durable, de l'Environnement et des Parcs a mis fin aux droits de forage de la société sur ce site à la suite de plaintes des utilisateurs du territoire à des fins récréotouristiques ; la société avait installé ses foreuses directement sur les chemins d'accès aux sentiers, très fréquentés par les randonneurs. Si les collines Kekeko semblent épargnées par la menace, celle-ci plane toujours, désormais, au-dessus du mont Kanasuta, puisque Cadillac Mining a déménagé ses foreuses près de la station de ski de ce mont. «Les minières sont l'une des locomotives, en région ; il nous faut trouver des aménagements qui conviennent aux différents utilisateurs du milieu : mines, randonneurs, écologistes», explique Pierre Monfette, directeur du service de l'aménagement du territoire pour la Ville de Rouyn-Noranda. «En général, les forestières collaborent mieux que les mines», constate-t-il. Sauront-elles bientôt s'adapter aux amoureux de la nature en adoptant des mesures moins dommageables pour le milieu ? C'est à voir. Et à suivre aussi.

Mont Kanasuta

De la poésie à marcher

EMPRUNTER LE SENTIER DE LA YOL, dans le secteur Kanasuta, n'est pas seulement un grand plaisir, c'est aussi un privilège, car ce territoire longtemps exploité pour ses ressources est devenu le symbole de la lutte des écologistes locaux contre les coupes à blanc. Et c'est précisément cette petite montagne – le mont Kanasuta – qui a donné son titre au plus récent album du fervent Richard Desjardins. Certes, sur le plan forestier, l'endroit ne peut être jugé exceptionnel, hormis un petit peuplement de peupliers « à grandes dents » – une essence très rare à cette latitude – en attente d'une désignation officielle d'« écosystème forestier exceptionnel » (EFE). Mais la vue qui s'offre de la montagne du Lion – la colline chamanique – des collines Kekcko et du lac Opasatica en contrebas est spectaculaire. Ce dernier était un corridor de circulation fluviale majeur pour les Algonquins.

Territoire de coupes, le secteur Kanasuta est également dans la visée des sociétés minières. Pour l'instant, ce territoire est désigné « Réserve à l'État », un statut de protection temporaire qui gèle l'octroi de nouveaux droits miniers mais qui n'interdit pas l'exploitation des droits existants. Ce statut a été conféré par le gouvernement du Québec pour gagner du temps sans prendre vraiment parti dans cet inextricable partage du territoire entre environnementalistes et sociétés minières. Et pour dissuader les velléités d'exploration sur ce territoire. Gros défi : nous sommes ici sur la faille Cadillac, l'une des plus belles zones géologiques du monde, et dans une culture minière qui sous-tend tout le développement régional. *C'est à côté d'une mine qu'on trouve une autre mine,* rapporte un dicton local ; c'est dire la valeur que représentent ces quelques arpents de bois. « Au ministère [du Développement durable, de l'Environnement et des Parcs], nous croyons que certaines zones où le potentiel minier est moindre ou nul pourraient être converties en aires protégées », explique Benoît Larouche, biologiste et répondant régional pour les dossiers de patrimoine écologique.

Un projet de réserve écologique est déposé pour protéger un petit territoire de 21 km² au cœur du secteur Kanasuta, ce qui pourrait suffire à y faire cesser l'exploitation. Et permettrait aux amoureux du plein air de continuer à y marcher.

Repères Le sentier est balisé par des rubans orange (soyez vigilant, certains manquent à l'appel). Départ de la station de ski du mont Kanasuta. Compter environ cinq heures. Info : www.ville.rouyn-noranda.qc.ca/kanasutatrek

L'École buissonnière

«Une aire protégée n'est pas une cloche de verre posée sur un territoire ; il faut en faire quelque chose, inciter les gens à en profiter !» lance Henri Jacob, président d'Action boréale, à qui l'on doit aussi les sentiers éducatifs de l'École buissonnière, aménagés à Dubuisson, près de Val-d'Or, et accessibles à pied, en vélo de montagne et en ski de fond. Ces sentiers proposent aux randonneurs de passage une initiation aux essences forestières sur le sentier Vigneault – grâce à des panneaux d'identification des arbres (sapin baumier, cèdre blanc, peuplier faux-tremble, frêne noir, etc.) – ou à l'habitat de l'orignal sur le sentier Desjardins. C'est le REVE (Regroupement des écologistes de Val-d'Or et des environs), créé notamment par Henri Jacob, qui a réussi l'exploit de faire protéger temporairement ces forêts diversi-fiées pour l'usage récréatif, et ce, dès la fin des années 1980 – bien avant l'éveil des consciences provoqué par *L'erreur boréale*. L'École buissonnière est accessible par la route 117, entre Val-d'Or et Malartic, par le chemin des Explorateurs.

Comment s'y rendre

De Rouyn-Noranda, emprunter la 101 Sud, puis la 117. Une dizaine de kilomètres plus loin, une pancarte annonce la station de ski sur la droite. La station se trouve 3 km plus loin, au bout du chemin.

KAYAK	Randonnée pédestre	Canot-camping	Observation des oiseaux

Parc national d'Aiguebelle
Enchanteur et surprenant

ON VOGUE DE SURPRISE EN SURPRISE au parc national d'Aiguebelle. La première apparaît une bonne heure avant votre arrivée au centre de services. La petite route qui passe par Mont-Brun est magnifique et ne ressemble en rien au paysage abitibien traditionnel. De belles collines, de grands champs et quelques portions de route à pourcentage élevé. La deuxième surprise est encore plus étonnante. On apprend très vite que le territoire du parc est issu d'un volcanisme sous-marin de type fissural qui se serait manifesté il y a 2,7 milliards d'années. Selon Andrew Clavert et un groupe de géophysiciens québécois qui ont publié le résultat de leurs recherches dans le prestigieux magazine *Nature* en 1995, ce territoire serait peut-être le berceau de l'Amérique du Nord.

Le passage du glacier du Wisconsin a aussi laissé de nombreux vestiges, comme les lourds blocs erratiques et le lac Loïs, un superbe plan d'eau au nord du parc, à découvrir en kayak. On peut y accéder par le centre de services Taschereau ou en empruntant la route 1 qui traverse le parc du sud au nord. Par vents forts, ce n'est pas toujours facile, mais ça vaut vraiment l'effort. Lors de l'une de nos excursions, un violent orage a éclaté et des trombes d'eau se sont déversées. Le spectacle était saisissant.

Les cinq emplacements de canot-camping – accessibles par voie nautique seulement – sont fort bien aménagés et situés dans des endroits stratégiques. La longue chevauchée qui nous mène vers l'aire de pique-nique tout au bout du lac (à la limite du parc) est irrésistible. Si vous n'êtes pas envahi de bonheur en cassant la croûte à cet endroit tout en y contemplant le paysage, prenez un rendez-vous chez le psy.

En contournant les petites îles qui poussent au milieu du lac, vous aurez la chance d'observer plusieurs espèces d'oiseaux, entre autres des huards, des hérons, des canards noirs, des goélands, qui vous tournent autour, mais aussi des maubèches branle-queue, des martins-pêcheurs et l'inévitable grand harle avec sa p'tite famille.

Repères Le parc national d'Aiguebelle est ouvert à l'année. En hiver, il est accessible par le centre de services Mont-Brun. En été, via Taschereau, au nord du parc, on a aussi accès à l'autre centre de services. Deux grands campings bien aménagés : l'Abijévis, près du lac Matissard, et l'Ojibway, près du lac Loïs. Info : 819 637-7322, 1 800 665-6527 ou www.parcsquebec.com

Comment s'y rendre

Prendre l'autoroute 15 Nord jusqu'à Sainte-Agathe-des-Monts. Elle devient alors la 117 Nord. Filer jusqu'à Val-d'Or (en profiter pour faire ses provisions). Continuer sur la 117 avant d'enfiler la belle route qui mène au parc en passant par Mont-Brun.

PARC NATIONAL D'AIGUEBELLE

Des randonnées hautes en couleur

Le réseau de sentiers pédestres est très bien aménagé. La signalisation est excellente et les informations concernant la durée sont fiables, contrairement à bien des endroits. En saison, les bleuets sont abondants. L'Aventurier (9,5 km), le sentier qui ceinture le lac La Haie – long miroir bleu-vert entouré de falaises très escarpées – est superbe. Difficile à cause de ses montagnes russes, mais les points de vue sont à couper le souffle et beaucoup d'endroits se prêtent à la trempette. La passerelle longue de 64 m qui flotte dans l'air à 22 m au-dessus du lac est particulièrement impressionnante. Il y a aussi plusieurs petits sentiers d'interprétation. Par exemple, en une journée, on peut visiter la tour de garde-feu – les panneaux d'interprétation nous rappellent le courage de ces valeureux gardiens de tour –, arpenter le plus vieux sentier du parc (Les Marmites) et découvrir la faille du lac Sault grâce à l'escalier hélicoïdal du sentier Les Paysages.

nos trouvailles

La Puce d'eau
Parc national d'Aiguebelle
Sur le bord du lac Matissart, petit chalet en bois rond qui comprend une cuisine équipée, un salon, une salle de bain et une chambre à coucher (eau courante et électricité en prime). À quelques coups de pagaie de la très belle plage sablonneuse du lac Matissart. Tout un *deal*. Le Vice-Roi, juste un peu plus loin, peut accueillir de quatre à sept personnes.

Les camps rustiques
Parc national d'Aiguebelle
Nichés au sommet d'une colline ou situés sur la rive d'un lac, ces petits camps en bois rond sont l'idéal pour vivre au rythme du parc. Notamment la Cigale, superbe en hiver, la Guêpe, au bout du lac La Haie, et le Dytique, avec sa magnifique terrasse et un point de vue imprenable. Équipés d'un poêle à bois, de matelas, d'un réchaud au propane et d'une toilette sèche à l'extérieur.

La Cité de l'Or
90, avenue Perreault
Val-d'Or
819 825-7616, 1 877 582-5367 ou
www.citedelor.qc.ca
L'industrie minière a toujours joué un rôle important dans l'économie régionale. À Val-d'Or, plongez dans cet environnement en descendant à 91 m sous terre dans les galeries de l'ancienne mine d'or Lamaque, en activité de 1935 à 1985. Voisin de la Cité, le village minier de Bourlamaque, classé site historique en 1979.

Musée minéralogique de l'Abitibi-Témiscamingue
650, rue de la Paix
Malartic
819 757-4677 ou
info@museemalartic.qc.ca
Seul musée du genre au Canada. Il propose une superbe collection de minéraux, sûrement l'une des plus belles et des plus complètes au Québec. Le musée abrite aussi la plus vieille roche du monde et un des rares morceaux de roche lunaire de la planète.

CANOT   Archéologie

Réserve Pikogan

Le canot des Abitibi8inni[1]

L'HISTOIRE DE LA RIVIÈRE, et de son occupation humaine, André la connaît bien, d'autant que la société pour laquelle il travaille à Pikogan, près d'Amos, vient d'intégrer un volet archéologique à certains de ses produits d'écotourisme. Ainsi, il est possible désormais de descendre la rivière Harricana en compagnie d'un guide autochtone, mais aussi d'un archéologue du regroupement Archéo 08, un OSBL créé en 1985 pour mener des recherches archéologiques dans la région abitibienne. L'expérience de plein air se double alors d'une véritable exploration dans l'histoire des premières nations.

Au bord de la rivière, on découvre certains sites où les Algonquins restaient durant l'hiver en tentes prospecteur (le tipi demeurant le mode d'hébergement durant les périodes de déplacement) avant de rejoindre la communauté dans un vaste campement au bord du lac Abitibi, plus au sud, dès le printemps. Là, les familles échangeaient leurs expériences, de nouveaux couples se formaient et les cérémonies se succédaient. «Au bord de l'Harricana, les fouilles et les témoignages démontrent la présence des Autochtones depuis la période de contact avec les Blancs, explique Mathieu Beaudry, archéologue pour Archéo 08. Mais on ignore encore si cette présence est aussi vieille que dans le reste de l'Abitibi, où elle remonte à environ 8000 ans. »

Cette rivière tranquille est idéale pour ramer en écoutant votre guide vous raconter le quotidien de ces semi-nomades et leurs méthodes de survie – la chasse et la trappe, surtout – dans un environnement sauvage et au cœur d'un hiver interminable.

Repères Cette descente guidée s'adapte à la demande ; elle peut se faire en deux ou trois jours. Hébergement en tipi et repas traditionnels sont au programme. D'autres sites sont également à l'étude pour marier la pratique du canot aux fouilles archéologiques. Du début juin à la fin septembre.
Info : 819 732-3350 ou www.abitibiwinni.com
Archéo 08 : 819 768-2112 ou www.archeo08.qc.ca

[1] Le 8 utilisé dans l'alphabet algonquin se prononce « w ».

Comment s'y rendre

À une centaine de kilomètres de Rouyn-Noranda, la réserve de Pikogan est à 3 km au nord d'Amos, sur la route 109.

NATHALIE SCHNEIDER

NATHALIE SCHNEIDER

Indiens de réserve

Sur les 8000 Algonquins qui vivent aujourd'hui au Québec, 350 résident dans la réserve de Pikogan, fondée en 1956. À l'époque, on donnait 1,6 km² de terrain à chaque famille qui acceptait de s'y installer (en vertu du Traité de la baie James). Aujourd'hui, la réserve de Pikogan est l'une de celles qui semblent les mieux intégrées aux communautés environnantes. En effet, les contacts entre Algonquins et Blancs y sont particulièrement harmonieux. Ne manquez surtout pas de visiter l'église de Pikogan, en forme de tipi, et ses œuvres tissées représentant les scènes de la descente de la croix, inspirées de l'artisanat traditionnel.

Nature en réserve

Le projet de réserve de la biodiversité de la forêt Piché-Lemoine englobe le bassin versant de la rivière Harricana sur près de 100 km² (municipalités de Val-d'Or et de Malartic) et notamment le lac Lemoine, à l'origine de l'Harricana. Ce dossier est présentement soumis à une consultation publique mandatée par le BAPE. Avec les réserves projetées du lac Opasatica, du lac des Quinze et du réservoir Decelles, c'est l'un des quatre projets du même genre en attente de désignation officielle en Abitibi.

Rivière Kipawa et lac Témiscamingue

Les sites Topping et Opémican

PAS ÉTONNANT QUE CES RIVES situées au sud du lac Témiscamingue, à proximité de l'embouchure de la rivière Kipawa, aient servi de décor extérieur à plusieurs productions cinématographiques au début du XXe siècle ! L'endroit est aussi beau qu'inspirant. En aval, la rivière impétueuse se jette dans le lac via les rapides Hollywood (classe III ou IV, selon le débit), une section que certains kayakistes chevronnés aimaient à passer.

Après le cinéma, le site Topping a été au fil des années reconverti en lieu de villégiature pour les familles riches qui le possédaient, notamment les Topping. Actionnaires majoritaires du Yankee's Stadium de New York, les frères Topping, qui ont donné leur nom au site, fréquentaient des actrices de cinéma et les grands de ce monde. Ce coin reclus du Témiscamingue avait en effet le charme d'un territoire sauvage où on pouvait encore se retirer de tout. Un sentier de randonnée en fait le tour (voir *Nos trouvailles*).

En aval du site Topping, le poste de relais pour le flottage du bois d'Opémican, qui servait de chantier naval aux XIXe et XXe siècles et qui est devenu site historique, a tout de la mise à l'eau naturelle pour kayak de mer. On y accède depuis le village de Laniel. D'une petite plage, on peut partir naviguer sur une des plus belles sections du lac Témiscamingue. Brume tenace au-dessus du vaste plan d'eau, falaises boisées alentour, pas l'ombre d'un bateau à moteur : un paysage incroyable à partager avec quelques huards. Ici, on se trouve au cœur de la réserve de biodiversité projetée d'Opémican, qui devrait devenir un parc national du Québec d'ici trois ans. Rive droite : le Québec, avec un chapelet de chalets ; rive gauche : l'Ontario et sa barrière forestière inhabitée.

En fin de journée, on laisse les kayaks au bord du lac et on dresse une tente sous les arbres pour profiter pleinement de l'endroit. Et, surtout, du lever de soleil le lendemain sur le lac, un moment de grand privilège.

Repères Les sites Topping et Opémican sont libres d'accès. Le Festival de la rivière Kipawa a lieu généralement à la fin de juin, mais mieux vaut consulter le site Internet pour s'assurer de la tenue de l'événement.

Comment s'y rendre

Le site Topping est accessible par la route 101 Sud vers Témiscaming, tout près de Laniel. Le site Opémican est à 20 km au nord de Témiscaming. Des indications mènent au chemin de terre longeant le lac Témiscamingue jusqu'au site.

Les Petits Roberge
67, rue Sainte-Anne
Ville-Marie
819 629-2548
Ce garage station-service fait aussi dans la location de vélos et de kayaks.

Sentiers de randonnée Grande Chute
Route 101, entre Laniel et Fabre
Le long de la rivière Kipawa, un sentier de 7 km a été aménagé avec aires de pique-nique et belvédères. On peut y voir les rapides, la grande chute ainsi que les marmites géantes qui font la renommée du coin. Un stationnement est disponible.

Site de camping rustique Opémican
Chemin de terre accessible par la route 101, à 20 km au nord de Témiscaming
On y réparait autrefois les bateaux, aujourd'hui, on peut y camper sur les rives du lac Témicamingue au cœur d'une forêt de pins blancs. Dépaysement et recueillement garantis.

Du cinéma nature

C'est quand le site Topping tombe dans les mains du New-Yorkais Fred Arnott qu'il prend la vocation d'un décor de cinéma extérieur. De 1920 à 1930, on y tourne les scènes de deux productions : *Silent Enemy*, qui évoque les relations conflictuelles entre Blancs et «bons Indiens» revus à la façon hollywoodienne ; puis *Snow Bride*, une production signée Paramount Pictures. Après une brève reconversion en camp de vacances, le lieu est acheté par les deux frères Topping. Enfin, il est vendu à un certain Scott Sorensen, un Américain de l'Utah, amoureux fou de ce coin de paradis, qui écrit le très beau livre *Chroniques de la rivière Kipawa* (publié par Martin Larche, 1999, traduit en 2003), un hommage vibrant aux années paradisiaques qu'il passe avec sa femme et ses enfants, dans un retour intime à la nature.

VÉLO DE ROUTE

Témiscaming

Le Témis sur deux roues

LE TÉMISCAMINGUE REGORGE de routes et de pistes cyclables, la faible circulation et les petits reliefs en faisant des itinéraires attrayants. Région rurale oblige, c'est une succession de paysages pastoraux qui se déploient à mesure que nous pédalons. « Sur l'ancienne emprise ferroviaire [entre Ville-Marie et Angliers], les cyclistes ont balisé eux-mêmes le parcours pour en éloigner les vététistes, prenant ainsi une initiative que n'avait pas prise la MRC », m'explique Guy Roberge, passionné de vélo à l'origine du Club Vélo-Témis. Depuis, le vélo roule en maître sur ces 45 km de sentiers en poussière de pierre sertis entre les lacs Témiscamingue et des Quinze (la ligne du Mocassin, un tronçon de la Route verte).

Alors que nous pédalons ensemble sur l'accotement de la 101 Nord depuis Saint-Bruno-de-Guigues jusqu'à Notre-Dame-du-Nord, nous enchaînons les quelques montées qui serpentent au cœur d'une nature à vocation franchement agricole. La circulation automobile y est rare, ce qui permet de profiter pleinement du paysage, surtout avec les vastes panoramas que nous découvrons, entre autre sur le lac.

Depuis Notre-Dame-du-Nord, un chemin goudronné privé, la route des Barrages, conduit jusqu'à Saint-Eugène-de-Guigues le long des barrages hydroélectriques (Première-Chute, Rapides-des-Îles, Rapides-des-Quinze). Par endroits, la vue y est saisissante. Enfin, le chemin débouche sur Saint-Eugène au milieu des champs de culture.

Au Témiscamingue, les circuits de vélo ne manquent pas même si le cyclotourisme n'est pas l'activité de plein air la mieux servie dans la région. Pour jumeler le vélo à une randonnée, on peut par exemple se rendre à vélo à la Grande chute Topping, depuis la route 101 Sud via une route sinueuse en gravier (entre Saint-Édouard-de-Fabre et Laniel), puis emprunter le sentier de randonnée La Grande Chute le long de la magnifique rivière Kipawa.

Enfin, il ne faut pas oublier la piste cyclable de Témiscaming, une boucle de 7 km qui passe d'Eagle Village à Wolfe Lake en passant par la municipalité de Témiscaming, un bel itinéraire qui emprunte un ancien réseau ferroviaire aux premières loges d'un environnement sauvage.

Repères Ligne du Mocassin : 45 km de sentiers multifonctionnels réalisés sur l'ancienne ligne ferroviaire entre Ville-Marie et Angliers (via Lorrainville et Laverlochère). Nombreuses haltes sur ce parcours de la Route verte.
Info : www.temiscamingue.net/parclineaire
Boucle de Témiscaming : départ rue Humphrey.
Info : 819 627-1846.
Une carte des routes, pistes et circuits cyclables est disponible au bureau touristique du Témiscamingue.
Info : 819 629-3355 ou www.tourismetemiscamingue.ca

Le train arrive en ville

À la fin du XIXe siècle, la Société de colonisation du lac Témiscamingue (SCLT) commence à construire un réseau de voies ferrées pour transporter les nouveaux arrivants. C'est surtout dans les années 1920 que l'expansion du réseau ferroviaire est justifiée par l'industrie forestière qui s'étend dans la région. Le tracé va de Témiscaming jusqu'au lac des Quinze en passant par Kipawa, Laniel, Ville-Marie et Angliers. Même si tout le monde profite du progrès, ce sont les besoins de l'industrie forestière qui guident son tracé depuis les moulins jusqu'au nord.

Comment s'y rendre

Ville-Marie est accessible par la route 101, au sud de Notre-Dame-du-Nord.

Ville-Marie
Vent du lac

«GÉOMORPHOLOGIQUEMENT» parlant, le lac Témiscamingue est le résultat d'un fractionnement des plaques, opéré par la dernière déglaciation, et de la formation d'une grande faille où l'eau s'est frayé un chemin. Esthétiquement parlant, c'est un vaste et superbe plan d'eau oblong, bordé de falaises abruptes, qui prend, par moments, des allures de fjord. Cette «mer intérieure» de plus de 100 km de longueur, qui marque la frontière naturelle avec l'Ontario, est le prolongement de la rivière des Outaouais. La navigation y est assez aisée, même avec un vent qui peut venir du nord ou du sud. La marina de Ville-Marie est la seule en pleine croissance de cette région. Certains plaisanciers peuvent embarquer des amoureux de la voile pour de petites sorties improvisées et gracieuses ; il ne faut pas hésiter à se renseigner à la marina.

En cette belle journée d'été, nous larguons les voiles sur le monocoque *Djinn Tonic* de Daniel Desjardins, directeur du Centre plein air Mont-Kanasuta, une belle station de 11 pistes à la porte de Rouyn-Noranda. Le temps est beau, un léger vent sud-sud-ouest nous ouvre la voie vers Devil Rock, côté ontarien, une grotte exiguë à laquelle on accède directement du bateau. Daniel est intarissable sur le bonheur de naviguer sur ces eaux calmes mais ô combien propices à l'émerveillement.

À la mi-journée, nous amarrons sur l'île Mann, une île sauvage où la petite communauté de «voileux» de Ville-Marie a l'habitude d'accoster pour un pique-nique. Daniel évoque Stéphane Belliard, un fou de voile originaire de Val-d'Or, parti un beau matin avec sa blonde Brigitte pour une traversée de 10 mois entre le Canada et les Bahamas sur un voilier de 30 pieds. De cette aventure audacieuse, Stéphane a signé *À la poursuite de la liberté*, un récit de voyage où il est question d'aventure, mais aussi de réflexion sur la vie, sur l'amitié et sur le bonheur.

En cette fin de journée, alors que le soleil nous offre la spectaculaire séance de son coucher, nous rentrons au port, essoufflés par la brise et vaguement grisés par des envies de grand large.

Repères La voie navigable de la rivière des Outaouais offre 1300 km de routes fluviales accessibles par bateau de plaisance (32 pieds maximum). Carte et information sont disponibles dans toutes les marinas du Témiscamingue, notamment à la marina de Ville-Marie. Un service de vidange et d'essence y est offert. Info : 819 629-2881

Comment s'y rendre

Ville-Marie est accessible par la route 101, au sud de Notre-Dame-du-Nord.

Le chevalier de Troyes sur le Témiscamingue

Il est déjà emprunté par les navigateurs du XVIIe siècle, ce vaste plan d'eau relié au bassin hydrographique de la rivière des Outaouais. Au tout début de ce siècle, Champlain y aurait accosté lors d'une de ses expéditions. Le lac est ensuite utilisé comme voie d'accès à la baie James et à ses postes de traite établis par les Français. En 1686, le chevalier Pierre de Troyes y fait une halte avant d'aller bouter les Anglais hors de la baie d'Hudson au cours d'une célèbre expédition financée par la Compagnie du Nord.

La colonisation de Ville-Marie

La plus ancienne localité du Témiscamingue a été créée en 1881 par les missionnaires oblats. Les premiers occupants de la région arrivent vers 1836 pour exploiter la forêt. Entre 1860 et 1870, la région se peuple peu à peu ; les Algonquins de même que les employés de la Compagnie de la baie d'Hudson sont déjà sur place. Mais c'est au milieu des années 1860 qu'un mouvement de « colonisation volontaire » prend forme, sous l'impulsion des oblats, pour amorcer l'intensive exploitation minière de la région. La Maison du Frère-Moffet, un des religieux très impliqués, dans le développement agricole des alentours du lac, retrace l'histoire de ce pays du bout du monde. Info : 819 629-3534, 819 629-3533 ou www.maisondufreremoffet.com

BAS-SAINT-LAURENT

Cette région longe le Saint-Laurent, de la Pocatière à Sainte-Luce et est reliée à la rive nord par trois traversiers. Elle s'étend vers le sud jusqu'aux frontières du Nouveau-Brunswick et du Maine. Le fleuve y est parsemé de plusieurs îles, dont l'une est habitée toute l'année.

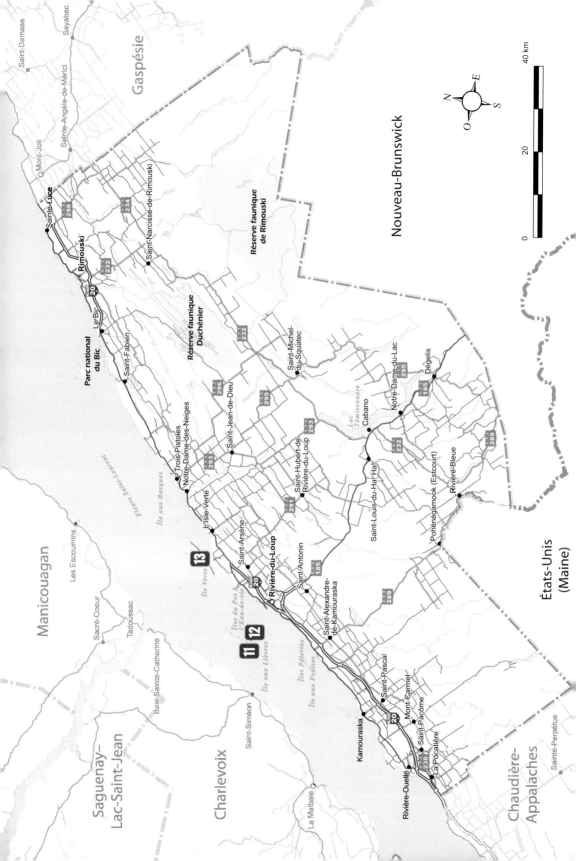

11 BAS-SAINT-LAURENT

RANDONNÉE PÉDESTRE | Camping | Kayak | Observation de la nature

Île aux Lièvres
Entre fleuve et nature

ON PEUT ÊTRE LITTÉRALEMENT AU MILIEU du Saint-Laurent et passer plusieurs jours à marcher dans le bois ou sur la grève déserte, à écouter les roucoulements des eiders à duvet ou le souffle des rorquals… L'île aux Lièvres est sauvage à souhait. Seul un bateau à moteur (deux en fait) pour douze passagers permet d'y accéder depuis la marina de Rivière-du-Loup, pour une excursion d'une journée ou pour un séjour en chalet, auberge ou camping. Quatre maisonnettes et plusieurs chambres dans une petite auberge sont louées aux visiteurs dans le secteur d'accueil. L'île, longue de 13 km, compte quatre petits campings sauvages, dont un tout près de l'accueil. Les plus beaux sont plus loin… et on s'y rend à pied. Le camping Les Cèdres est magnifiquement situé, côté nord-ouest, face aux montagnes de Charlevoix, au centre de l'île. On dort au ras de l'eau! Celui de l'Anse à La Boule est dans la même zone mais du côté sud-est, tout comme celui des Bélugas… vers le «bout d'en haut» (la pointe sud de l'île), à 12 km, donc à 3 h de marche de l'accueil.

Ici, on marche! Inévitable, vu les 45 km de jolis sentiers en terrain boisé ou en bord de mer. À marée basse, côté nord, on se promène sur les belles pierres du littoral. Les deux pointes effilées sont particulièrement prisées. À l'est, ouverture sur l'estuaire avec une belle terrasse aménagée, la brise du large en prime. À la pointe ouest, regard sur Saint-Siméon et les hauteurs de Charlevoix, les deux pieds dans l'eau. Le sentier de la Grande Course relie les deux pointes de l'île; celui de la Corniche longe un escarpement haut de 40 m, seul vrai relief de ce bout de terre.

Repères La Société Duvetnor est située à Rivière-du-Loup. Info : 418 867-1660 ou www.duvetnor.com

Comment s'y rendre

À partir de Montréal ou de Québec, emprunter la 20 Est jusqu'à Rivière-du-Loup.

ANNE PÉLOUAS

Îles Les Pèlerins

Zone de nidification des eiders à duvet, ces îles sont inaccessibles au public. On peut en faire le tour en kayak depuis la halte écologique de Kamouraska, mais il est en tout temps fortement recommandé de ne pas s'en approcher ni de s'y arrêter pour éviter de déranger les canards et leurs jeunes familles. La Société Duvetnor privilégie plutôt les croisières-découvertes en bateau, avec l'île aux Fraises et son échouerie de phoques gris en prime.

Les îles Duvetnor

Île aux Lièvres, îles Les Pèlerins, îles du Pot à l'Eau-de-Vie… Leur point commun ? Occuper le même espace maritime, compris entre Rivière-du-Loup et Saint-André-de-Kamouraska, à hauteur de Saint-Siméon situé sur la rive nord du fleuve. Mais, surtout, toutes ces îles appartiennent à une corporation privée à but non lucratif, créée par des biologistes en 1979. La mission de la Société Duvetnor est de préserver le milieu naturel et la faune de ces joyaux du fleuve, puis de les rendre accessibles à l'humain lorsque cela ne nuit pas à la faune.

12 BAS-SAINT-LAURENT

OBSERVATION DES OISEAUX

Îles du Pot à l'Eau-de-Vie

Aider les eiders

AVANT QUE LE BIOLOGISTE ET MILITANT Jean Bédard prenne les choses en main, les îles du Pot à l'Eau-de-Vie croupissaient, depuis la fermeture de leur phare en 1964, sous les fientes de l'indifférence.

Non seulement le phare fut-il abandonné, saccagé puis squatté, mais encore des cueilleurs de plumes débarquaient sans vergogne sur l'archipel pour faire provision de duvet d'eider, véritable édredon du ciel vendu 1000 $ le kilo sur certains marchés.

Parce que de telles pratiques menaçaient l'équilibre écologique de l'archipel, Jean Bédard et quelques amis écolos fomentèrent alors le projet d'acquérir les îles. Ainsi naquit la Société Duvetnor, une corporation privée à but non lucratif qui possède aujourd'hui deux des trois îles du Pot à l'Eau-de-Vie, de même que l'île aux Lièvres et les îles Les Pèlerins, plus à l'ouest.

Pour financer Duvetnor, ses fondateurs entreprirent de s'adonner, eux aussi, à la collecte de duvet, mais en respectant scrupuleusement les périodes de nidification de la gent ailée. Puis, en 1989, on retapa avec brio le phare pour le transformer non pas en couette et café, mais en un singulier nid douillet que gère désormais Duvetnor.

Aujourd'hui, les trois îles du Pot à l'Eau-de-Vie sont devenues un havre de paix pour les eiders, cormorans, hérons, bihoreaux et autres guillemots, qu'on peut apercevoir, en dehors des périodes de nidification, au gré des sentiers de l'île du Pot du Phare – la seule accessible. En outre, en séjournant au gîte, on jouit d'un accès privilégié au phare désaffecté, qui fait maintenant office de fantastique tour d'observation privée pour les six pensionnaires des trois chambres.

Classé par le ministère du Patrimoine canadien et situé dans le parc marin du Saguenay–Saint-Laurent, le phare des îles du Pot à l'Eau-de-Vie ne guide peut-être plus les navires qui glissent sur l'étale du Saint-Laurent, mais il contribue maintenant à éclairer ses visiteurs sur la fragilité des habitats du fleuve…

Repères Le forfait Nuitée au Phare comprend la traversée au départ de Rivière-du-Loup, une croisière commentée autour de l'archipel, la visite guidée sur l'île du Pot du Phare, un repas de fine cuisine régionale, une nuitée, le copieux p'tit déj' et l'accès en permanence à la tour du phare. Coût : de 165 $ à 250 $ par personne (1re nuit) et de 125 $ à 210 $ (2e nuit). Ouvert de juin à septembre. Également offerts : croisières-excursions, visite de l'île du Pot du Phare et excursion ou séjour sur la voisine île aux Lièvres. Réservation obligatoire.
Info : Société Duvetnor, 200, rue Hayward, Rivière-du-Loup, 1 877 867-1660, 418 867-1660 ou www.duvetnor.com

GARY LAWRENCE

S'accrocher aux Basques

Accessible depuis Trois-Pistoles, à une trentaine de minutes de Rivière-du-Loup, l'île aux Basques s'étire sur 2 km, dans le Saint-Laurent. Propriété de la Société Provancher, elle ne peut être visitée que dans le cadre d'excursions guidées. Sa riche flore de 400 espèces et son abondante avifaune de 230 représentants font l'objet d'une solide protection.

De 1580 à 1640 environ, l'île servit de pied-à-terre à des centaines de pêcheurs basques qui y passaient leurs étés. Ils y liquéfiaient la graisse de baleine dans des fondoirs installés sur des fours qui sont restés là, encore intacts. Parce que l'île était située au milieu d'un important carrefour de voies de communication des Amérindiens (le Saint-Laurent, le Saguenay et la rivière des Trois Pistoles), les chasseurs de cétacés finirent aussi par y verser dans le négoce.

Des fouilles archéologiques, menées parallèlement à des recherches dans les archives nationales françaises, tendent même à démontrer que c'est sur l'île aux Basques qu'eurent lieu les premiers échanges connus entre Européens et Amérindiens, ce qui lui valut d'être désignée Lieu historique national du Canada il y a quelques années.

Info : 418 851-1202 ou www.provancher.qc.ca

Comment s'y rendre

À partir de Montréal ou de Québec, emprunter la 20 Est jusqu'à Rivière-du-Loup.

Île Verte

Kayak bucolique

ELLE PORTE BIEN SON NOM, CETTE ÎLE VERTE. Pour en faire le tour en kayak, départ du quai du village de L'Isle-Verte, sur la côte. Approche par le sud : le tableau est plus rural que marin avec ses arbres sombres, ses champs et ses battures. À marée basse, les moutons viennent y brouter. L'agneau de pré salé fait la réputation de l'île. On la longe par le sud-ouest en direction de la pointe, le « bout d'en haut ». Le fleuve y reprend ses droits : vent frais et clapotis… La face nord-est, ancrée dans le fleuve, avec vent du large, vagues, rochers et horizon dégagé vers l'estuaire, est complètement différente : vue sur les montagnes de Charlevoix, l'entrée du fjord, les dunes de Tadoussac… Avec un peu de chance, c'est ici qu'on apercevra des bélugas.

Le départ ou l'arrivée à marée basse procure son content d'efforts, car il faut tirer ou pousser les kayaks chargés sur des pierres glissantes, entre terre et mer. Filer ensuite sur l'eau est facile. Après quelques heures à pagayer contre vent et marée montante, le plaisir est tout de même un peu émoussé… À 9 km, le phare de l'île a l'air d'avoir les pieds dans l'eau. Cette illusion d'optique durera longtemps. La côte est sauvage, avec ses tranches de schiste argileux, ses forêts et ses bosquets d'églantiers odorants. Sur la mer d'huile, un petit rorqual lâche tout à coup un grand souffle. Plus loin, de drôles de bouées luisantes apparaissent à la surface de l'eau… des phoques curieux, venus voir qui joue dans leurs eaux.

Le phare et ses maisons se rapprochent. Leur duo de couleurs, rouge et blanc, est du plus bel effet sous le soleil rasant de fin d'après-midi. Le lendemain, direction nord-est, vers « le bout d'en bas »; le décor change. On longe plusieurs anses et grandes plages. L'île a perdu son relief, la forêt est plus clairsemée, la batture se déploie. En contournant la pointe nord, c'en est fini du fleuve. On repart vers le sud, poussé par le vent. Un dernier regard sur les belles granges grises qui trônent aux abords du quai insulaire, avant de traverser le chenal pour rejoindre la terre ferme.

Repères Aucun guichet automatique ni épicerie sur place, mais une belle poissonnerie.
Info touristique : www.ileverte.net (comprend des offres de location de chalets)
Traversier La Richardière : 418 898-2843 ou www.inter-rives.qc.ca (réservations indispensables avec auto)
Bateau-taxi et transport de bagages sur l'île : 418 898-2199

Comment s'y rendre

À partir de Montréal ou de Québec, emprunter la 20 Est jusqu'à Rivière-du-Loup, puis la 132 Est jusqu'au village de l'Isle-Verte.

ANNE PÉLOUAS

Rando ou vélo

Peu d'autos sur l'île, la route principale
(12 km) n'en est que plus agréable à
parcourir à vélo. Voici l'occasion
d'admirer ces anciennes boucaneries de
poissons et ces vieilles granges, ou de
ramasser des fruits sauvages. À l'ouest, la
route se fait allée de rosiers sauvages
pour finir sur l'estran. De là, à marée
basse, on peut marcher un kilomètre sur
les rochers. Même chose à la pointe de l'est sur le chemin
du Phare (versant nord), avec la chance de voir petits
rorquals, rorquals communs, bélugas ou phoques.
Sur la côte, la Réserve nationale de faune de la baie de
L'Isle-Verte compte un sentier pédestre de 5 km longeant
la batture.
Rando guidée et forfait de baguage de canards à la mi-août.
Réservation : 418 898-2757

Leçon d'os

L'un des musées les plus originaux du Québec est à l'île
Verte. Aménagé dans un hangar de tôle, le Musée du
squelette est l'œuvre de Pierre-Henry Fontaine, biologiste,
ex-prof, collectionneur d'os en tout genre et guide passionné
et passionnant. Sa collection d'ossements de vertébrés est
unique. Ce petit musée sans vitrine n'a l'air de rien, mais on
peut y passer trois bonnes heures, sinon plus, en compagnie
d'un homme qui sait faire «parler les squelettes». Une leçon
magistrale. Info : 418 898-4055

CANTONS-DE-L'EST

Cette région a servi de zone de passage, de chasse et de trappe pour les Abénaquis de la grande famille des Algonquins. Ils lui ont entre autres légué la poésie des noms amérindiens des lacs et des rivières : Coaticook («rivière de la terre de pin»), Massawippi («grand lac profond»), Memphrémagog («grande étendue d'eau»), Mégantic («lieu où il y a de la truite de lac») et Missisquoi («beaucoup d'oiseaux exotiques»).

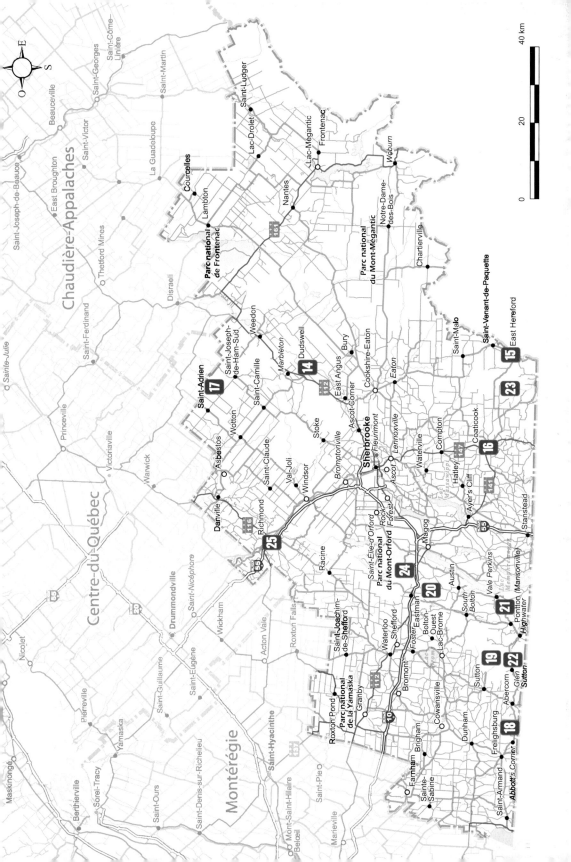

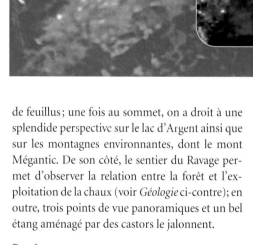

Dudswell

La Forêt habitée

IL Y A DE CES PETITS COINS DE PAYS MÉCONNUS qui méritent que l'on s'y attarde, histoire d'élargir ses horizons. C'est le cas de la Forêt habitée de Dudswell, par exemple. Situé à une trentaine de kilomètres au nord de Sherbrooke, Dudswell est entouré de verdoyantes collines aux allures bucoliques. Ajoutez à ce paysage la présence des lacs d'Argent et Adolphe, et vous disposez des principaux ingrédients pour obtenir une fort jolie carte postale.

Sept sentiers donnent accès aux différents milieux de la Forêt habitée de Dudswell. Ceux du lac Adolphe (0,8 km), de la Tour (0,7 km), de la Falaise (1,1 km) et de la Carrière (0,7 km) permettent d'apprécier les alentours du lac d'Argent. Chaque sentier à ses particularités. Ainsi, l'amateur de faune ailée ira faire un tour sur le sentier du lac Adolphe, alors que l'adepte de beaux arbres s'offrira le sentier de la Tour. Tout au long de ces parcours, tous faciles, plusieurs panneaux d'interprétation fort instructifs confirment le volet éducatif des lieux, qui se prêtent admirablement à la randonnée familiale.

Pour leur part, les sentiers du Ravage (2,7 km), des Crêtes (3 km) et du Petit Lac (1,4 km), tous de niveau intermédiaire, sont agréables à parcourir et ils mettent en évidence de belles collines dans toute leur verdure. Le sentier des Crêtes se distingue par quelques bonnes montées à travers une belle forêt de feuillus ; une fois au sommet, on a droit à une splendide perspective sur le lac d'Argent ainsi que sur les montagnes environnantes, dont le mont Mégantic. De son côté, le sentier du Ravage permet d'observer la relation entre la forêt et l'exploitation de la chaux (voir *Géologie* ci-contre) ; en outre, trois points de vue panoramiques et un bel étang aménagé par des castors le jalonnent.

Repères Quinze kilomètres de sentiers sillonnent la Forêt habitée. Ils sont fermés en novembre pour la période de chasse, mis à part celui du lac Adolphe. Chiens acceptés si tenus en laisse en tout temps. Accès gratuit.
Info : 819 887-6093
Renseignements généraux : CLD du Haut-Saint-François,
1 888 848-3333, 819 832-4914 ou
www.haut-saint-francois.qc.ca

Comment s'y rendre

Depuis Sherbrooke, prendre la route 112 Nord jusqu'à Marbleton. Virer à gauche sur la rue Principale et poursuivre jusqu'à la Maison de la culture, où se trouve le point de départ des sentiers.

La Poterie de Dudswell
58, 11e Rang
Dudswell
819 828-0049
Venez rencontrer des potiers à leur atelier. Démonstration de tournage. Aire de pique-nique sur place. Accès gratuit.

Maison de la culture
900, rue du Lac
Dudswell
819 887-6093
Exposition d'œuvres d'artistes locaux, dont la collection Louis-Émile Beauregard, qui regroupe 64 sculptures de bois illustrant la vie rurale du début du XXe siècle.

Maison du vieux village
220, 1re Avenue
Weedon
819 877-2220 ou
www.maisonduvieuxvillage.com
Goûtez aux charmes d'un gîte situé sur un terrain paysager de 16 acres et laissez-vous bercer par le rythme apaisant des chutes de la rivière Weedon. Terrasses, jardins fleuris et aires de repos figurent également au menu.

Géologie

Les carrières et les mines font partie du patrimoine de Dudswell. Durant la deuxième moitié du XIXe siècle, plusieurs petites carrières de granit furent exploitées ici même ; comme son nom l'indique, le sentier de la Carrière mène justement à une ancienne exploitation. L'importante zone de calcaire de cette région est le résidu d'anciennes colonies récifales qui trempaient dans une mer chaude et peu profonde à l'époque du silurien et du dévonien. Ce qui formait jadis une barrière récifale (8 km de long par 800 m de large) permet depuis 175 ans l'exploitation de la chaux, fleuron économique de la municipalité, une activité que le sentier du Ravage donne d'ailleurs l'occasion de mieux comprendre.

Historique

La Forêt habitée de Dudswell a vu le jour à l'été 1999. Depuis lors, des citoyens engagés permettent l'accès à ce lieu unique imbriqué d'histoire. Le site est géré par un comité qui assure le développement et le maintien des infrastructures.

Vélo de route | Camping

East Hereford, Chartierville, Woburn
Montagnes frontalières

LA RÉGION NATURELLE des montagnes frontalières a beaucoup à offrir aux marcheurs. Ce prolongement des montagnes Blanches jouxte la frontière et délimite la ligne de partage des eaux avec les États-Unis. Le meilleur moyen de découvrir ce coin de pays peu fréquenté est le vélo-camping. Il y a même deux campings gratuits le long de cet itinéraire (parc municipal de Chartierville et montagne de Marbre).

Quatre belles montagnes sont au menu. Depuis Coaticook, où vous pouvez vous rendre en autocar (voir *Comment s'y rendre*), empruntez les petites routes pour rejoindre la première montagne, soit le mont Hereford, à East Hereford, une belle montagne facilement accessible avec un sommet dénudé qui culmine à 864 m. À Chartierville, allez découvrir la spectaculaire montagne de Marbre située dans le 10e Rang. Un court sentier, mais à forte déclivité, mène sans détour au sommet perché à 914 m. Et quel sommet ! L'œil se bute à une infinité de montagnes. En regardant vers l'est, vous pouvez apercevoir le mont Gosford, l'autre montagne au menu située tout près, à Woburn. Le mont Gosford, grosse rondeur culminant à 1183 m, est vraiment impressionnant. Un agréable sentier sans difficulté majeure, à travers une forêt changeante selon l'altitude, mène à un autre spectaculaire sommet où est érigée une tour. Du haut de celle-ci, c'est

l'extase. Encore quelques tours de manivelle et vous voilà au parc national du Mont-Mégantic, la dernière étape de ce tour de vélo/marche. Ce parc, formé d'un imposant massif qui culmine à 1105 m, offre plusieurs possibilités de randonnée dans un habitat varié. Possibilité de camping le long des sentiers.

Repères En saison de chasse, certaines de ces montagnes sont interdites aux marcheurs.
Info : Tourisme Coaticook : 1 866 665-6669 ou www.tourismecoaticook.qc.ca/ornithologie/fr/sites/Hereford.html
Info générale : www.sentiersfrontaliers.qc.ca
Parc national du Mont-Mégantic : 1 800 665-6527 ou www.sepaq.com.

Comment s'y rendre

Pour rejoindre Coaticook, prendre l'autocar Limocar (1 866 692-8899 ou www.limocar.ca) jusqu'à Sherbrooke. Poursuivre avec le petit transporteur Actibus (819 849-3024) jusqu'à Coaticook. Le service est offert en semaine seulement, et les vélos ne sont acceptés que sur les trajets de mi-journée.

Saint-Venant-de-Paquette

Le petit village de Saint-Venant-de-Paquette (111 habitants aux dernières nouvelles…), blotti au creux d'une verdoyante vallée entourée de splendides montagnes, a su se prendre en main pour préserver son héritage et le partager avec ses visiteurs. À cette fin, les citoyens, dont un certain Richard Séguin, ont créé un sentier poétique où on peut lire, en marchant tranquillement, les poèmes des plus illustres de nos poètes, dont Alfred DesRochers, véritable père spirituel des Cantons-de-l'Est. Et que dire de leur église-musée, magnifique espace polyvalent tout en bois sculpté qui abrite aussi bien des baptêmes que des concerts de musique classique ou encore des spectacles de musique folk ou traditionnelle. Voilà un bel exemple dont pourraient s'inspirer les petites communautés en mal de survivance.
www.amisdupatrimoine.qc.ca

Laissez-vous conduire !

Ces microentreprises fleurissent au Québec : des forfaitistes qui organisent des sorties de groupe en randonnée pédestre (mais aussi en kayak, en skis de fond ou en raquettes) vers diverses destinations du Québec et du nord des États-Unis. Le prix de la sortie comprend généralement le transport en autobus, les services d'un guide accompagnateur ainsi que l'accès au territoire, s'il y a lieu. Parfait pour les gens seuls qui veulent socialiser tout en limitant leurs déplacements en automobile. Pour ne citer que quelques-uns :
www.bougex.com ; www.detournature.com ; www.ecopleinair.com ; www.markmat.ca/pulsations.ca ; pages.videotron.com/explorer.

nos trouvailles

Mille et un matins
77, chemin du 9e Rang
Saint-Venant-de-Paquette
819 658-1114 ou
www.gitescanada.com/
milleetunmatins
Gîte en pleine nature où il fait bon se ressourcer dans une ambiance feutrée. Quatre chambres décorées avec goût renouant avec l'époque victorienne. Plusieurs espèces d'oiseaux. Petit étang pour les romantiques.

Circuits photo découverte de la région de Coaticook
819 849-6669, 1 866 665-6669 ou
www.circuitsphotocoaticook.org
Six circuits d'une journée sont proposés pour aller au-devant du patrimoine naturel et culturel de la région (on peut bien sûr parcourir ces circuits à vélo). Le but : réaliser des photos en vue de les soumettre au concours de photos organisé pendant les Comptonales, le rendez-vous des producteurs agroalimentaires locaux.

Aux berges de l'Aurore
139, route du Parc
Notre-Dame-des-Bois
819 888-2715 ou
www.auberge-aurore.qc.ca
Sise au pied du majestueux massif du mont Mégantic, à plus de 600 m d'altitude et à deux pas du parc national, cette auberge fleurie, plus que centenaire, offre cinq chambres dans un décor sobre d'inspiration victorienne. Cuisine du terroir avec les primeurs du potager. À noter : les 10 000 m² de jardins anglais et français où il fait bon se prélasser.

Gorge de Coaticook

Une nature taillée dans le roc

LA RIVIÈRE ÉPONYME de la ville la plus proche coule au milieu de cette magnifique vallée des Cantons-de-l'Est. Dans l'ensemble, son parcours est régulier, mais à Coaticook, une grande rupture se produit : la rivière rencontre un formidable verrou glaciaire, formé de roches dures qui bloquent son passage et l'obligent à s'engouffrer dans une étroite encoche baptisée « gorge ». La gorge de Coaticook est sans doute l'un des phénomènes géologiques les plus spectaculaires du Québec. Créé par le passage du glacier et l'érosion, ce magnifique canyon présente une dénivellation marquée de 50 m, avec des chutes et des cascades spectaculaires. Ce pouvoir de l'eau attira les premiers habitants de Coaticook, qui doit son existence à la rivière.

Les roches sédimentaires qui tapissent le fond de la gorge sont vieilles de 450 millions d'années. Les plissements qu'on peut y observer résultent des grandes pressions exercées sur la croûte terrestre lors de la formation des Appalaches. À cette époque, les formes de vie les plus évoluées étaient encore confinées au milieu aquatique et représentées par les invertébrés et les poissons.

Enjambant la rivière Coaticook, une passerelle offre une superbe vue de l'ensemble de la gorge. Avec ses 169 m, elle constitue le plus long pont piétonnier suspendu du monde. (Il est même homologué dans le *Livre des records Guinness* !) De cet endroit, la rivière effectue une courbe de 90° avant de continuer sa course vers la rivière Massawippi.

Plus de 10 km de sentiers empruntent des passerelles à flanc de falaises et dévoilent d'étonnantes formations géologiques : verrou glaciaire, pli couché dans la roche, schistes ardoisiers, affleurements de quartz, marmites de sorcière, grotte.

Repères Le parc de la Gorge de Coaticook
400, rue Saint-Marc, Coaticook
Info : 1 888 524-6743, 819 849-2331 ou
www.gorgedecoaticook.qc.ca.
Droits d'accès : 7 $; guide d'interprétation : 3 $.
Autres activités sur le site : séjour en camping et accès à deux refuges, hébertisme, ornithologie, équitation, vélo de montagne (piste de 18 km, calibres intermédiaire et avancé), raquette, glissade sur tube ; pont couvert (1887) et grange ronde, classique des Cantons-de-l'Est ; exploration d'une grotte et d'une centrale hydroélectrique fonctionnelle ; cascades, deux tours d'observation.

Comment s'y rendre

Autoroute 10, sortie 121. Sur l'autoroute 55 en direction sud, prendre la sortie 21, puis la route 141 jusqu'à Coaticook et suivre les indications pour la gorge.

Marmite…
de pierres

On raconte qu'autrefois les sorcières utilisaient ces trous circulaires pour y concocter leurs potions magiques. Le travail inlassable de l'eau, qui entraîne une petite pierre très dure dans un mouvement tourbillonnaire, a en fait créé ces marmites dans un lit rocheux. Dans sa course folle, cette pierre a poli le roc et a fini par lui donner une forme arrondie. Le lit de la rivière Coaticook est parsemé de nombreuses marmites qui diffèrent toutes les unes des autres.

Histoire de gorge

Le passage des glaces s'observe dans le paysage des Cantons-de-l'Est par le sommet arrondi des montagnes et le creusement de cuvettes qui ont donné naissance à de grands lacs. Dans les secteurs très accidentés de la région, le glacier a aussi «surcreusé» le relief, créant des verrous comme c'est le cas à la gorge de Coaticook. À la fonte du glacier il y a 13 000 ans, la rivière a commencé à creuser son lit, traversant les différentes strates de roc.

On remarque un phénomène naturel sur les pentes escarpées de la gorge : le phototropisme. Les glissements de terrain ont permis aux arbres et aux plantes de s'enraciner tant bien que mal sur les parois rocheuses. Lors des affaissements des sols, les arbres se sont déplacés et se sont parfois retrouvés en position horizontale. Afin d'assurer leur survie et de combler leurs besoins en lumière, les arbres courbent leur tronc et l'orientent en direction du soleil, créant l'étonnant paysage de la gorge.

nos trouvailles

East Hereford
1 866 665-6669 ou 819 844-2463
Dans un couvert boisé ou au milieu des plantations d'arbres de Noël, deux boucles balisées de 25 kilomètres et de 35 kilomètres de vélo de montagne sont accessibles en saison estivale, tant pour les niveaux experts qu'intermédiaires.

La piste Trois Villages
819 844-2463
Cette piste relie les villages d'East Hereford, de Saint-Venant-de-Paquette et de Saint-Malo par un circuit de 36 km de vélo de campagne ; sur le sentier Neil-Tillotson, 12 km de randonnée pédestre et 5,5 km de raquette de montagne.

Parc Harold F. Baldwin
1883, chemin May
Baldwin Mills :
1 866 665-6669 ou www. parchfbaldwin.regioncoaticook.qc.ca.
Lieu de prédilection des amateurs d'escalade et des randonneurs, un réseau de sentiers de 7,9 km sillonne le mont Pinacle et offre un panorama grandiose sur le lac Lyster. Également, découverte du milieu naturel et initiation à la pêche sportive.

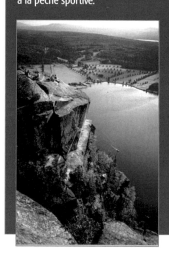

Mont Ham
Voyage au fond des mers

AU MONT HAM, en forêt, on marche sur un ancien fond de mer et de glaciers. Cette montagne située à la limite nord des Cantons-de-l'Est et des Bois-Francs fait partie des bas plateaux appalachiens.

Toutes les roches, jusqu'au sommet, ont été formées sous la mer et sont un vestige d'un fond océanique. Elles plongent le randonneur au cœur de l'édification des Appalaches, il y a plus de 500 millions d'années. Les marques d'érosion glaciaire, quant à elles, nous amènent plusieurs centaines de millions d'années plus tard, après des bouleversements géologiques importants. Les glaciers dont l'épaisseur dépassait deux kilomètres avaient alors envahi tout le territoire et donné la touche finale au relief de la région.

Telle une sentinelle, le mont Ham dresse sa silhouette à 713 m d'altitude. Un réseau de sentiers pédestres de 18 km sillonne la montagne sur un dénivelé de 360 m. Son sommet donne un point de vue de 360° sur les monts Orford, Mégantic, Adstoke, Stoke, Owl's Head ainsi que sur les lacs Aylmer et Nicolet.

Le sentier L'Intrépide, un parcours direct vers le sommet comprenant une montée assez abrupte dans le tiers supérieur, s'étire sur 1,7 km. La partie inférieure du trajet traverse des groupements forestiers variés ; au sommet, seuls les arbustes, les mousses, les lichens et les herbes subsistent. Au cours de l'ascension, on observe différentes formations rocheuses témoignant d'événements géologiques anciens et plus récents : roches volcaniques, plissements dans la roche, veines de quartz, stries glaciaires, marmites, blocs erratiques, éboulis. Le Button (3,7 km) permet également d'accéder au sommet en passant par la colline du même nom. Du côté ouest, le sentier Le Panoramique est plus facile ; il contourne la montagne sur 2,1 km et offre des percées visuelles dignes d'intérêt.

Repères Corporation de développement du Mont-Ham, 103, route 257, Saint-Joseph-de-Ham-Sud
Droits d'accès : 4 $.
Autres activités sur le site : camping (tente ou tipi) ; marché de la montagne où on trouve des produits régionaux, biologiques et équitables ; animation pour enfants.
Info : 819 828-3608 ou www.montham.qc.ca.

Comment s'y rendre

Prendre l'autoroute 10, sortie 150 (Fleurimont/Stoke), puis la route 216 vers Stoke. À Saint-Camille, continuer tout droit jusqu'à Saint-Joseph-de-Ham-Sud. À l'église, prendre la route 257 à gauche et faire 4,2 km.

Origine du mont Ham

Il y a 625 millions d'années, le vaste océan Iapétus recouvrait l'est de l'Amérique du Nord. Des milliers de mètres de boues marines s'y étaient accumulées, formant des strates empilées. Au cours de l'édification des Appalaches, quelque 200 millions d'années plus tard, ces boues marines stratifiées ont été comprimées et portées en hauteur. Le mont Ham tout comme les monts Orford et Owl's Head sont des vestiges de cet océan disparu. Les péridotites et les serpentines, ces roches qui constituaient la croûte océanique, renferment les riches gisements d'amiante d'Asbestos et de Thetford Mines.

Le quartz, un filon qui vibre

Le quartz est le minéral le plus répandu dans la nature. On compare les veines de quartz à la transpiration des roches qui ont eu chaud. Sous forme cristalline, cette merveille de la nature a été formée parmi les explosifs gaz grisouteux des coulées de lave il y a plusieurs centaines de millions d'années. Les fortes températures volcaniques et la pression ont fait dissoudre la silice, et les cristaux se sont formés à mesure que les matières en fusion refroidissaient et durcissaient. En se combinant à l'oxygène, la silice a produit une forme hexagonale (six pans). La dureté et l'insolubilité de ce minéral lui confèrent une très grande résistance. Il est utilisé dans les technologies de l'électronique et de l'optique. Sa vibration très régulière permet de garder infailliblement le temps dans les montres… à quartz.

Mont Pinacle
La route des vins

ON LE DISTINGUE DE LOIN, ce sommet si caractéristique, presque aussi singulier que celui de Jay Peak tout proche. Mais au lieu d'avoir la cime en pointe comme son voisin du Vermont, le mont Pinacle a le crâne aplati comme une enclume, comme si quelque chose de très lourd lui était tombé sur le ciboulot.

C'est précisément ce qui a failli lui arriver, dans les années 1980, quand un promoteur obstiné s'est mis en tête d'y aménager un centre de ski doublé de condos. Grâce à la mobilisation de nombreux citoyens de la région et aux efforts d'éminentes personnalités – dont Frédéric Back et Daniel Langlois –, cette digne montagne vénérée par les Abénaquis est aujourd'hui intacte.

Pas question cependant de la prendre d'assaut à vélo de montagne : le mieux qu'elle a à offrir aux cyclistes est un cadre majestueux autour duquel ils peuvent pédaler en toute tranquillité, sur de paisibles chemins de terre. Tantôt pentus, tantôt légèrement inclinés, ceux-ci se laissent dévaler doucement en un après-midi de randonnée. Ce parcours bucolique est ponctué ici d'un ranch, là d'une fermette, là encore d'une cidrerie où il fait bon tâter de quelque nectar ambré. Mais nul besoin d'en abuser : le décor ambiant est, à lui seul, bien assez enivrant…

Repère Le mont Pinacle est situé à l'est de Frelighsburg. Pour pédaler la vingtaine de kilomètres de chemins qui l'entourent, prendre la route qui relie Frelighsburg à Abbott's Corner, où débute le circuit en boucle. De ce dernier village, filer plein nord sur le chemin d'Abbott's Corner, puis tourner à droite sur le chemin du Pinacle, une autre fois à droite sur le chemin des Érables, puis une dernière fois à droite sur le chemin de Richford (asphalté), après le village d'East Pinnacle. Il est possible d'ajouter une boucle jusqu'à Abercorn en empruntant la rue des Églises au départ d'East Pinnacle, ou encore de poursuivre son chemin jusqu'à Sutton (15 km plus loin) via la route 139. Info : 1 888 811-4928 ou www.brome-missisquoi.ca

Comment s'y rendre

De Montréal, emprunter l'autoroute 10 Est jusqu'à la sortie vers Bromont, puis la route 139.

Les sentiers du Pinacle

En 1991 est née la Fiducie foncière Mont Pinacle, qui s'est portée acquéreuse de 59 hectares du splendide sommet estrien qu'est le mont Pinacle, afin de le protéger des visées récréotouristiques d'un promoteur sans scrupules. Vouée à la conservation de la nature, la fiducie s'efforce aussi de sensibiliser le public à la saine gestion des milieux naturels : deux sentiers d'interprétation de 2 km chacun ont d'ailleurs été aménagés au cœur même des aires protégées du mont Pinacle. On peut les parcourir de mai à octobre tout en prenant part à des activités éducatives gratuites.
Info : 450 522-3367 ou www.montpinacle.ca

nos trouvailles

B & B Domaine des Chutes
6, chemin des Chutes
Frelighsburg
450 298-5444 ou
www.chutes.qc.ca
Tenu par deux artistes peintres, coquet pied-à-terre de style victorien situé près des chutes Hunter, à 3 km de Frelighsburg. Terrasses et fort jolies vues sur le mont Pinacle. Sentiers, baignade, ornithologie.

Les Sucreries de l'Érable
6, rue Principale
Frelighsburg
450 298-5181
Repas légers et gâteries, dont une délectable tarte au sirop d'érable. Belle terrasse et mignonne salle intérieure aménagée dans un ancien magasin général datant de 1815.

Domaine Pinnacle
150, chemin Richford
Frelighsburg
450 298-1226 ou www.icecider.com
Excellent cidre de glace, 24 fois médaillé d'or, disponible aussi en version pétillante, à déguster dans la salle de dégustation attenante à la cidrerie.

Géologie | Observation de la nature

Monts Sutton
Des témoins de l'histoire

AUX CONFINS SUD DU QUÉBEC, dans le prolongement des Green Mountains, au Vermont, le Parc d'environnement naturel de Sutton (PENS) couvre une grande partie des monts Sutton. Ce réseau de 82 km de sentiers montagneux est relié au Sentier de l'Estrie, qui longe la chaîne des Appalaches. À travers de vastes milieux forestiers, les sentiers sillonnent la rivière Sutton et les flancs du massif des monts Sutton. Les randonneurs peuvent observer des phénomènes géologiques captivants : schistes, marques d'érosion glaciaire, blocs erratiques.

À partir de la guérite, un sentier aménagé gravissant 2,3 km atteint le Round Top, à 962 m d'altitude. Des points de vue magnifiques s'ouvrent sur la vallée de la rivière Missisquoi et les reliefs appalachiens. On peut aussi accéder au lac Spruce, au mont Gagnon, au Dos de l'Orignal et au lac Mohawk.

Le sentier d'interprétation de la nature, tout comme les guides-randonneurs du PENS, enrichissent l'expérience aux monts Sutton. On peut évaluer à sa juste mesure l'une des dernières régions sauvages à l'extrême sud du Québec, où se trouvent encore de grands massifs forestiers non fragmentés. Ces vastes milieux boisés constituent des habitats essentiels à la survie d'espèces comme l'ours, le lynx roux, la chouette rayée, le grand pic, la tortue des bois et la salamandre pourpre. Toutefois, les coupes forestières et le développement touristique et urbain menacent l'intégrité de ces milieux naturels. Pour protéger ce joyau du Québec, l'organisme québécois Corridor appalachien (ACA), avec l'aide du PENS et d'autres partenaires, soutient la conservation d'habitats naturels.

Repères Parc d'environnement naturel de Sutton (PENS) 1000, chemin Réal.
Droits d'accès : 4 $ ou carte de membre. Carte des sentiers : 5 $.
Source d'eau : à la sortie du village de Sutton, route 215 vers Lac-Brome.
Info : 450 538-4085 ou www.parcsutton.com. Info touristique de Sutton : 1 800 565-8455 ou www.sutton-info.qc.ca

Comment s'y rendre

Autoroute 10, sortie 74 (Pierre-Laporte). Route 241 vers Cowansville, puis route 139 jusqu'à Sutton. À partir du village, rue Maple vers le centre de ski Mont-Sutton. Le chemin Réal mène à la guérite du PENS, à l'altitude 520.

Blocs erratiques

La dernière glaciation a débuté il y a
75 000 ans et a atteint son apogée il y a
18 000 ans. L'avancement et le retrait des
glaciers ont profondément modifié le
paysage du Québec et ses écosystèmes,
repoussant chaque fois les espèces
animales et végétales vers le sud du
continent. Les glaciers ont délogé des
fragments de roche, les ont incorporé et
les ont transporté sur une certaine dis-
tance. Une fois disparus d'une région, ils ont laissé derrière
eux un épais manteau de débris rocheux de formes et de
tailles diverses, dont les blocs erratiques, transportés sur une
grande distance et abandonnés lors de leur fonte. Certains
de ces blocs peuvent atteindre plusieurs mètres de hauteur ;
ils témoignent du pouvoir énorme des glaciers.

Les schistes de Sutton

L'histoire géologique des Appalaches a été marquée par la
dérive des continents. Les monts Sutton ont été édifiés lors
d'une période d'agitation de la croûte terrestre, il y a environ
450 millions d'années. La poussée des plaques continentales
a provoqué les plissements du relief et donné naissance aux
montagnes. Les roches en feuillets – nommées schistes –
qu'on aperçoit sur les berges de la rivière Sutton, à partir du
point d'observation Les Marmites de sorcière, résultent de
ces plissements. Ces matériaux ont également subi le poids
des glaciers durant les quatre grandes époques glaciaires
que la région a connues depuis 1,6 million d'années.

Parc national du Mont-Orford
Le marais de la Rivière aux Cerises

LES PÉRIPÉTIES qui ont entouré le mont Orford ont fait couler beaucoup d'encre et… créé bien du mécontentement. À peu de distance de ce magnifique massif, un site moins connu, et qui ne fait pas beaucoup parler de lui, mérite toutefois toute notre attention : le sentier du marais de la Rivière aux Cerises (affluent qui a un impact majeur sur la qualité hydrique du lac Memphrémagog).

Ce sentier a ceci de particulier qu'il invite à une belle randonnée en plein cœur d'un marais en transition. Avec la présence du massif du mont Orford comme fond de scène, le paysage à lui seul vaut le déplacement. Dans cette zone de préservation, on découvre un monde à part avec lequel on est peu familier. Le sentier, tracé à travers une végétation étonnante, saura ravir les plus curieux. La petite rivière aux Cerises, qui prend justement sa source dans le parc du Mont-Orford (voir *Géographie* ci-contre), inscrit ses jolis méandres à travers de hautes herbes, où il n'est pas rare de surprendre de grands hérons.

Tout le long du sentier (majoritairement sur pilotis), plusieurs panneaux d'interprétation font découvrir la vie complexe et fascinante du marais. Le couvert végétal, fort varié, montre différentes étapes de transition ; on passe de la zone humide à un milieu de plus en plus asséché, où des arbrisseaux s'accrochent à un sol en pleine mutation. À l'extrémité ouest du marais, une petite forêt a

même repris ses droits. Voilà un bel endroit où venir en famille, histoire de se délier les pattes sur un sentier facile et spectaculaire tout en se familiarisant avec l'écologie d'un marais et… l'école de la vie.

Repères Facile, le sentier est long de 6 km.
Une tour d'observation permet de jouir d'une vue saisissante sur la région. Accès gratuit pour les marcheurs, mais stationnement payant en période estivale. Ouvert à l'année.
Info : 1 800 267-2744, 819 843-2744 ou
www.tourisme-memphremagog.com

Comment s'y rendre

Prendre l'autoroute 10 jusqu'à la sortie 115 et s'engager sur la 112 Sud. Virer ensuite à gauche sur le chemin Roy. Le départ du sentier est situé au parc du Moulin, sur le chemin Roy. À noter : autre point départ est situé au centre-ville de Magog. Accessible par la Route verte.

Géographie

Longue d'une dizaine de kilomètres, la rivière aux Cerises naît dans le massif du parc national du Mont-Orford. Trois sources alimentent ce sinueux cours d'eau : l'étang aux Cerises, l'étang de la Cuvette et le lac à la Truite. En fin de course, la rivière partage ses eaux avec le marais et se jette finalement dans le lac Memphrémagog. Le marais de la Rivière aux Cerises inclut divers milieux : tourbières à sphaignes et à éricacées, marais à quenouilles, marécages arbustifs et arborescents, forêt mixte et même érablière rouge, dans sa partie la plus sèche.

Historique

Dans le passé, le marais a subi de fortes pressions anthropiques. Dépotoir dans les années 1970, il a été partiellement remblayé dans les années 1980. À cette époque, un groupe de citoyens décide de prendre les choses en main : ainsi naît le LAMRAC (Les Amis du marais de la Rivière aux Cerises), un organisme à but non lucratif fondé le 6 mai 1997. Son mandat est de promouvoir, de préserver et de mettre en valeur l'ensemble du territoire du marais ; un an après sa fondation, le sentier voyait le jour.

Potton
L'énigme des pierres

AU CŒUR DU CANTON DE POTTON, près de Mansonville, de curieuses formations rocheuses attirent l'attention du randonneur. Un halo de mystère entoure ces pierres et suscitent de nombreuses questions sur leur provenance.

Dans un décor de montagnes près de la frontière du Vermont, des monticules de pierres ressemblant à des cairns surgissent dans les champs ou en pleine forêt. Bien qu'on en trouve près des chemins de l'Étang-Sugar Loaf et Schoolcraft ainsi qu'à proximité du mont Écho et de Sutton, le site White, à Potton, est le plus impressionnant.

Une randonnée de 3 km conduit à une cinquantaine de ces monticules. Tout près, à flanc de colline, une terrasse s'apparente à un observatoire astrologique. Le site renferme un alignement de pierres dressées avec des traits gravés indiquant l'axe nord-sud ainsi que la position du lever du soleil au solstice d'hiver (22 décembre).

Par ailleurs, au site Jones, à Vale Perkins, un affleurement de schistes le long d'un ruisseau révèle des marques ressemblant à des pétroglyphes. Ces gravures rappellent étrangement l'écriture celtique irlandaise, l'ogham, qui remonte au Ve siècle. Ce site est certainement le plus célèbre, mais on trouve des gravures similaires dans Potton et ailleurs dans les Cantons-de-l'Est, comme à Bolton-Ouest, Glen Sutton, Foster, Frelighsburg et Saint-Armand.

Que signifient ces pierres et les marques qu'elles portent? Certains prétendent que ces structures rocheuses témoigneraient d'une présence européenne en Amérique du Nord bien avant l'arrivée de Christophe Colomb en 1492. Ces civilisations antiques, distinctes de celles des premières nations, auraient maîtrisé l'écriture et développé des connaissances en astronomie et en arpentage.

Repères Les sites archéologiques d'intérêt sont situés sur des propriétés privées. Gérard Leduc peut y accompagner les randonneurs. Environnement Équinoxe : 450 292-3522 Autres activités dans le secteur : plage et marina au quai public de Vale Perkins ; ski alpin, golf et marina au mont Owl's Head (450 292-3342); Festival multiculturel de Potton ; circuit patrimonial de Potton (bâtiments patrimoniaux de Potton, chapelle ukrainienne Voroktha, monastère russe).

Comment s'y rendre

Sortie 106 de l'autoroute 10. Prendre la route 245 direction sud jusqu'à South Bolton, puis emprunter la 243 vers Mansonville.

Les cairns, un symbole rituel ?

Le mot cairn provient du gaélique *carn* et signifie «tas de pierres». Dans Potton, des monticules assemblés forment des dômes de pierres, au sommet desquels trône souvent un bloc de quartz. Leur forme et leur distribution suggèrent qu'il ne s'agit pas d'amas d'épierrage des champs de colons défricheurs, mais plutôt de monuments construits avec des intentions rituelles. Selon des indices archéologiques et des datations au radiocarbone, l'origine de certains cairns remonte à 1500, et même 2000 ans.

Owl's Head, la montagne sacrée

Le mont Owl's Head était pour les Autochtones un lieu sacré où ils pratiquaient leurs rituels. Selon la légende, le fantastique Anaconda se réfugiait dans une grotte sous la montagne ; c'est pourquoi on craignait de se baigner dans le lac Memphrémagog. De nos jours, Memphré continue d'alimenter l'imaginaire collectif. Les francs-maçons perpétuent les traditions initiatiques au sommet du mont Owl's Head. Ils y ont établi l'une des premières loges en plein air en Amérique du Nord. Chaque année depuis le 24 juin 1858, ils s'y rassemblent au temps du solstice d'été.

Les pétroglyphes : des marques mystérieuses

Ces marques sur les pierres s'apparentent à des lettres et à des dessins oghamiques, mode de communication jadis utilisé par les Celtes. Au site Jones, elles auraient été gravées avec un outil métallique et, selon les données archéologiques, dateraient d'environ 500 ans. Mais le mystère demeure entier quant à l'origine et à la signification de ces pétroglyphes. Gérard Leduc a découvert à Frelighsburg d'autres marques associées à la culture viking. À Abercorn, des gravures sont associées à des caractères phéniciens.

Rivière Missisquoi
Au clair de lune

C'EST AU COUCHER DU SOLEIL que débute cette sortie estivale en kayak, et c'est dans l'ambiance magique des soirs de pleine lune qu'elle se prolonge. Ce paisible trajet d'environ 15 km, effectué sur la rivière Missisquoi entre les villages de Highwater et de Glen Sutton, dure environ quatre heures. Quatre heures d'émerveillement.

Le terme *missisquoi* («multitudes d'oiseaux aquatiques» en abénaquis) prend ici toute sa signification. Les hérons bleus jettent des regards intimidés, et leur vol forme de gracieuses arabesques à la cime des arbres. Les nichées de canards déambulent discrètement et les bécasseaux vagabondent sur le rivage. À mesure que s'installe la nuit, les chauves-souris, toujours en quête d'insectes, entreprennent leur vol erratique. Le miroitement des lucioles à la surface de l'eau donne un caractère irréel à la scène.

L'obscurité s'établit progressivement, et le silence envahit les lieux. La rivière traverse quelques villages endormis. Les kayakistes forment des ombres fantomatiques sur l'eau, et le mouvement de leurs pagaies s'apparente à un ballet d'insectes aquatiques. La brume qui apparaît furtivement sur la rivière crée une atmosphère feutrée. L'odeur capiteuse du foin fraîchement coupé envahit les narines. Le moindre son devient perceptible : le glissement des kayaks sur l'eau, le chant des ouaouarons, le hululement de la chouette, l'aboiement lointain des coyotes. Ces quelques heures de pure contemplation et de silence procurent aux kayakistes un sentiment de plénitude.

Repères Cette excursion guidée est organisée par la station de montagne Au Diable Vert, qui surplombe la vallée de la rivière Missisquoi. L'auberge propose différentes activités ainsi que des séjours en camping ou en refuge. Les kayakistes se rencontrent vers 17 h 30 à l'auberge, au 169, chemin Staines, à Glen Sutton. Tarif de l'excursion : 35 $.
Info : 1 888 779-9090, 450 538-5639 ou www.audiablevert.qc.ca

Comment s'y rendre

De Montréal, emprunter l'autoroute 10 jusqu'à la sortie vers Bromont, puis la route 139 jusqu'à Glen Sutton.

PAUL LARAMÉE

Du côté de l'équipement

Les kayaks (de style *sit-on-top*), les gilets de sauvetage ainsi que les lampes frontales sont fournis par le pourvoyeur. Il est recommandé de porter des vêtements chauds – polaire, coupe-vent, pantalon de plein air – ainsi que des bottes en caoutchouc ou des souliers en néoprène, vu les manœuvres à faire à l'entrée et à la sortie de la rivière. Il est aussi indiqué d'apporter de l'eau potable, une légère collation (fruits séchés, barres de céréales) et de l'antimoustiques dans un sac à dos qui sera attaché au kayak, à portée de main. Il faut également prévoir des vêtements de rechange (pantalon, chaussettes, polaire) et des souliers chauds au sortir de la rivière.

Sur les traces des Abénaquis

On peut facilement se glisser dans la peau des Abénaquis qui empruntaient autrefois ce lieu de passage pour rejoindre leurs terres ancestrales en Nouvelle-Angleterre. La rivière Missisquoi leur permettait de relier la vallée du Saint-Laurent et le lac Champlain via la rivière Saint-François et le lac Memphrémagog. Ces Amérindiens utilisaient des canots en écorce de bouleau ou fabriqués à partir d'un seul tronc d'arbre dont l'intérieur était d'abord brûlé puis évidé avec des herminettes en pierre. Entre les voies d'eau, ils faisaient des portages. On raconte que celui de la rivière Missisquoi jusqu'au lac Memphrémagog passait par les villages actuels de Mansonville et de Vale Perkins.

Mont Hereford

Vue imprenable

AU SUD DES CANTONS-DE-L'EST, le sommet du mont Hereford dévoile une vue imprenable sur les montagnes Blanches et les vallées américaines. Le sentier pédestre Neil-Tillotson, ainsi nommé en l'honneur du propriétaire de la montagne décédé à l'âge de 102 ans, est long de 12 km et donne accès au sommet par deux portes d'entrée situées dans les villages d'East Hereford et de Saint-Herménégilde. En hiver, une piste de 5,5 km pour la raquette de montagne emprunte le sentier pédestre à partir du village d'East Hereford. D'un dénivelé d'environ 500 m, ce parcours sinueux, de niveaux intermédiaire et expert, est balisé mais non entretenu mécaniquement.

À cause de l'altitude de la montagne (864 m), les milieux forestiers présentent une grande diversité de paysages : plantations de pins, forêts de feuillus – où dominent les érables accompagnés de bouleaux jaunes (merisiers) et de bouleaux blancs –, érablières, puis forêt boréale éparse.

Il faut compter quatre heures pour effectuer l'ascension et environ deux heures pour redescendre. Les quatre premiers kilomètres du sentier Neil-Tillotson à East Hereford sont considérés de niveau familial-intermédiaire. Par un sentier secondaire, à 1,5 km du stationnement, on accède à la spectaculaire chute à Donat de 13 m, le long du ruisseau à Chabot. La seconde partie du trajet, soit le dernier 1,5 km, est assez ardue (intermédiaire +). La pente y est plus prononcée et, lorsque la neige abonde, la progression est plus difficile. Dans un tel cas, de larges paniers fixés à l'extrémité des bâtons facilitent l'ascension.

Repères Le sentier est aussi ouvert à la randonnée du début de juin à la mi-septembre (fermé en période de chasse). Les chiens tenus en laisse y sont admis.
Info sur le sentier Neil-Tillotson : 819 844-2463

Comment s'y rendre

De Montréal, prendre l'autoroute 10 en direction de Sherbrooke. Après Magog, prendre l'autoroute 55 Sud et la sortie 21 pour emprunter la route 141 jusqu'à Coaticook. Après le troisième feu de circulation, suivre les indications pour Saint-Herménégilde. De là, suivre les indications pour East Hereford (9e Rang qui devient le chemin de Coaticook). L'accès au sentier Neil-Tillotson est situé à l'entrée du village d'East Hereford.

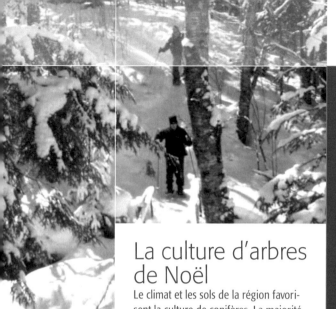

La culture d'arbres de Noël

Le climat et les sols de la région favorisent la culture de conifères. La majorité des 300 entreprises d'arbres de Noël du Québec sont situées dans ce secteur des Cantons-de-l'Est, plus précisément dans le « triangle du sapin » entre Sherbrooke, Lac-Mégantic et Thetford Mines. À elles seules, ces entreprises fournissent 85 % de tous les sapins cultivés au Québec. La proximité de la frontière leur offre aussi un avantage stratégique pour la mise en marché aux États-Unis, faisant du Québec le plus grand exportateur de sapins au Canada. À travers le jardin thématique Sapins et merveilles au cœur du village d'East Hereford, on découvre les coutumes et les légendes associés à ce symbole de Noël.
Info : 819 844-2472, 819 844-2464 ou www.municipalite.easthereford.qc.ca

Autres activités

FÉERIE DE NOËL À EAST HEREFORD
Promenade en voiture tirée par des chevaux à travers les plantations de sapins, atelier de fabrication de couronnes de Noël, vente de produits artisanaux, chaque année en novembre. 1 866 665-6669, 819 849-6669 ou www.municipalite.easthereford.qc.ca

CIRCUITS FRONTIÈRES
Pour le vélo de montagne, deux boucles balisées de 25 et 35 km. Fermé durant la période de chasse. La piste Trois Villages relie les villages d'East Hereford, de Saint-Venant-de-Paquette et de Saint-Malo par un circuit de 36 km de vélo de campagne. 819 844-2463, 1 866 665-6669 ou www.municipalite.easthereford.qc.ca

Parc national du Mont-Orford
Aux flambeaux, c'est chouette

AU CŒUR DE LA RÉGION TOURISTIQUE Magog-Orford, le parc national du Mont-Orford est propice à la pratique hivernale de différentes activités récréatives, dans un décor naturel grandiose. Les massifs du mont Orford et du mont Chauve atteignent respectivement des altitudes de 853 et 600 m. S'élevant à plus de 300 m au-dessus de la vallée de la rivière aux Cerises qui les sépare, ils offrent des panoramas saisissants.

Comme chaque année en février, les gens sont conviés à une soirée aux flambeaux, une activité au profit de la Fondation des maladies du cœur. Le parcours de cette randonnée nocturne en raquettes contourne l'étang aux Cerises et mène au refuge Le Vieux Camp en passant par la colline des Pins. Il s'effectue dans l'ambiance magique des sentiers balisés aux flambeaux. Dans cet éclairage feutré, l'ombre des arbres enneigés prend des formes mystérieuses qui ravivent nos frayeurs enfantines. Le silence nocturne incite les randonneurs à chuchoter. Avec un peu de chance, on peut percevoir le doux hululement de la chouette. Les skieurs de fond ne sont pas en reste, puisque le sentier n° 1 est également illuminé jusqu'au refuge La Cabane à sucre.

Après la randonnée, les participants se réunissent autour du feu à l'accueil Le Cerisier pour déguster portos, vins et fromages.

Repères L'inscription est obligatoire et il en coûte 20 $ par personne, taxes incluses. L'activité se déroule de 18 h à 22 h, à partir de l'accueil Le Cerisier, où on peut aussi louer des raquettes.
Info : 819 843-9855
Réservations : 1 800 665-6527 ou www.parcsquebec.com

Comment s'y rendre

De Montréal, prendre l'autoroute 10 Sud jusqu'à la sortie 118. Emprunter ensuite la 141 Nord et suivre les indications pour le parc national du Mont-Orford. L'accueil Le Cerisier se trouve à environ 7 km.

Un parc fait pour la raquette

Le parc national du Mont-Orford compte cinq circuits de randonnée en raquettes variant de 3,8 km à 7,8 km, et classés de faciles à difficiles. Les sentiers A et Z, respectivement de 3,8 km et de 4,1 km, de niveau facile, contournent l'étang aux Cerises. Le sentier des Loutres, une boucle de 7,3 km, permet de rejoindre la Grande-Halte pour une pause santé dans un bâtiment chauffé et de revenir par l'autre versant, du côté du camping Le Vallonnier. Le tout nouveau sentier La Chouette, de 3 km, facile et accessible à toute la famille, offre de magnifiques points de vue sur le parc. Les plus audacieux préféreront le sentier du mont Chauve, plus difficile avec son dénivelé de 600 m. Comme il s'étire sur 16 km (aller-retour), il faut compter une bonne journée pour effectuer ce parcours de randonnée. Tous les sentiers partent du centre de services Le Cerisier, à l'exception de la boucle des Loutres qui débute au refuge Le Castor.

Hébergement au parc

Facilement accessibles, les trois refuges sont chauffés au poêle à bois, mais n'ont ni eau courante ni électricité. Ils peuvent accueillir de 8 à 24 personnes. Pendant toute la période hivernale, il est également possible de dormir sous une tente prospecteur dans le camping Le Vallonnier, qui propose aussi 14 emplacements de camping rustique. Cette activité, qui gagne en popularité, permet d'expérimenter le contact direct avec la grande nature hivernale.

Richmond-Melbourne
Retour dans le temps

AU CHARMANT PETIT CENTRE de ski de fond Richmond-Melbourne, on a la vague impression de retourner dans les années 1970, à une époque où la pratique du ski de fond incitait surtout à se promener en forêt en hiver. Depuis, les choses ont bien changé. Le lycra et les skis à base synthétique ont fait leur apparition sur les pistes. Mais à ce centre de ski de fond, on a su garder une certaine authenticité. Ici, contrairement à ce qu'offre la majorité des centres de ski de fond au Québec, la plupart des pistes sont simples et unidirectionnelles. Entretenues mécaniquement à l'ancienne, c'est-à-dire avec une motoneige, ces étroites pistes garantissent aux fondeurs une intimité et un rapport plus étroit avec la nature.

Les amateurs de cardio apprécieront l'anneau d'entraînement de un kilomètre pour pratiquer le pas de patin. Le terrain est vallonné, et quelques raidillons suivis d'agréables descentes agrémentent l'aventure sur les planches. Une petite montée mène à une tour de télécommunication d'où l'on peut observer la vallée de Melbourne, un magnifique panorama appalachien tout en ron-

deurs, formations typiques de ce coin de pays. Quelques modestes haltes jalonnent les pistes.

Il est intéressant de noter que ce centre de ski de fond ne pourrait exister sans la bonne volonté des propriétaires voisins. En effet, comme plusieurs pistes passent sur leurs terres, la bonne entente est de rigueur.

Repères Centre de ski de fond Richmond-Melbourne
70, chemin Lay, Melbourne
Info : 819 826-3869

Comment s'y rendre

Prendre la 20 Est jusqu'à la sortie 147. Poursuivre sur la 116 Est. Le centre de ski est à droite, juste après l'autoroute 55.

Auberge Beechmore
310, chemin de la Rivière
Richmond
1 866 888-5161 ou
www.canadapassion.com/
heberg/beechmore.htm
Pour un retour dans le temps, allez faire un tour à l'auberge Beechmore, un magnifique relais victorien. Le charme d'une autre époque opère.

Centre d'interprétation de l'ardoise
5, rue Belmont
Richmond
819 826-3313 ou
www.ville.richmond.qc.ca/
ardoise.htm
Situé dans une église datant de 1889. Ouvert de la mi-mai à la mi-octobre. Visite guidée.

Moulin à laine d'Ulverton
210, chemin Porter
Ulverton
819 826-3157 ou
www.moulin.ca
Ce musée retrace la présence de tisserands écossais qui ont émigré dans les Cantons-de-l'Est. Autour du bâtiment datant du milieu de XIXe siècle, des sentiers se prêtent à la pratique de la raquette. Possibilité de les parcourir en carriole tirée par des chevaux.

Un brin d'histoire

En 1799, une première vague de pionniers d'origine irlandaise quitte la Nouvelle-Angleterre (après avoir connu la famine en Irlande) pour s'installer dans la région, sur les bords de la rivière Saint-François. La municipalité de Melbourne est reconnue pour sa campagne bucolique, ses édifices en brique et ses toits d'ardoise, une spécialité régionale. L'un des plus importants peintres canadiens, Frederick Simpson Coburn (1871-1960), un natif du coin, a su peindre avec talent les beaux paysages de sa région. L'une de ses célèbres toiles représentant Melbourne et son paysage champêtre figurait au verso du billet de 2 $ imprimé de 1954 à 1969.

Au pays de l'ardoise

Le canton de Melbourne est reconnu pour ses anciennes mines d'ardoise, une industrie jadis florissante dans ce coin de pays. Tout près de Melbourne, au petit village de Kingsbury, de superbes résidences d'allure victorienne à toiture d'ardoise nous rappellent cette époque. À la sortie de ce hameau de 157 habitants se dresse, tout près de la route, un ancien gisement.

CHARLEVOIX

Le caractère extravagant du paysage montagneux de Charlevoix est attribuable à l'impact causé par une météorite de 15 milliards de tonnes il y a 350 millions d'années. Le cratère actuel s'étend sur 56 kilomètres, de l'ouest de Baie-Saint-Paul à l'est de La Malbaie. La région de Charlevoix a obtenu de l'UNESCO, en février 1989, le statut de Réserve nationale de la biosphère. Elle fait donc partie d'un réseau international qui en compte plus de 450, dont une douzaine au Canada.

LES PALISSADES

26 CHARLEVOIX

KAYAK | **Camping** | **Randonnée pédestre**

Baie des Rochers
Plages à l'horizon

LE PLUS BEAU DANS CHARLEVOIX, c'est toujours de quitter la route 138 pour se rendre plus près de l'eau et découvrir de petites merveilles. La baie des Rochers, sise quelques kilomètres après le village du même nom, est de cet acabit : un endroit rare, d'accès gratuit, à préserver au maximum (n'y laissez pas vos traces, svp !). Le chemin pour se rendre au quai est un peu chaotique, mais quel panorama à l'arrivée ! Une immense baie, encadrée de falaises rocheuses et de collines forestières, avec une grande île – habitée – au milieu.

On a bien hâte de mettre le kayak à l'eau. En suivant la côte vers le sud-ouest, on sort de la baie en longeant une première plage de sable, puis une superbe presqu'île qu'il faut contourner pour atteindre, à 3 km du départ, la plage de l'anse de Sable : plus de 500 m de long pour planter sa tente face au large (et peut-être aux baleines), mais attention aux marées si vous ne voulez pas prendre un bain de pieds nocturne, surtout les soirs de pleine lune ! Le mieux est de s'installer à la lisière du bois, voire dans les hautes herbes. La plage est le point d'arrivée d'un sentier pédestre et, en cas de pluie, abri et table de pique-nique vous accueilleront.

Sur le fleuve, la brume peut se lever subitement et peut aussi être à couper au couteau… Mieux vaut se munir d'une bonne carte marine et d'une boussole, en plus de prendre son cap avant de s'éloigner du bord. Consulter une carte des marées est tout aussi indispensable pour bien choisir ses heures de sortie de la baie (elle a très peu de fond) et de son retour à l'auto.

Repères Stationnement gratuit, camping sauvage sur la plage. Qui dit camping sauvage dit camping responsable ! Info : 418 638-2691, demandez Gérald Bouchard
Info touristique : 1 800 667-2276 ou
www.tourisme-charlevoix.com

Comment s'y rendre

Accès par la route 138 entre Saint-Siméon et Baie-Sainte-Catherine. Tourner vers le fleuve par la rue Lachapelle et, 16 km après le village de Baie-des-Rochers, continuer tout droit durant 3 km, jusqu'au quai.

ANNE PÉLOUAS

À pied autour de la baie

Plusieurs petits sentiers ont été joliment aménagés, mais sans excès, à flanc de montagne à partir du quai municipal de Baie-des-Rochers. Vers l'est, on grimpe vite sur un promontoire d'où on se réjouit de la vue sur toute la baie. Vers l'ouest, on peut se balader longtemps sur les hauteurs, en forêt, montant ou descendant des escaliers de bois ou de pierre. De là, on rejoint facilement la plage de l'anse de Sable pour pique-niquer face au fleuve. Le petit parc compte 12 km de sentiers, avec tables de pique-nique, abris et toilettes sèches. Le camping sauvage, gratuit, est permis partout sur le site.

Parc marin du Saguenay–Saint-Laurent

Premier parc du genre au Québec, il protège un territoire exclusivement marin de 1 138 km² dans une partie de l'estuaire du Saint-Laurent et du fjord du Saguenay. Plusieurs centres d'interprétation (notamment à Pointe-Noire, Cap Bon-Désir, Tadoussac) permettent d'en apprendre plus sur l'incroyable richesse de la vie marine et sous-marine du fjord et de l'estuaire.
1 888 773-8888 ou www.parcmarin.qc.ca

Baie-Saint-Paul
Vie à bord

DOUCE NUIT, BERCÉE PAR LES FLOTS TRANQUILLES.
Un cordage vibre parfois, et l'eau clapote en continu sur la coque du bateau. Au matin, il fait frais, mais le soleil est flamboyant. Un cargo surgit de nulle part, au loin, dans un semblant de brume. On prend le petit déjeuner à l'arrière, hors du cockpit, pour profiter du paysage, à quelques encablures seulement de la côte de Charlevoix. Week-end typique à la voile sur le Saint-Laurent.

On y vient d'abord et avant tout pour être sur l'eau, en symbiose avec l'élément, se perdre dans l'immensité du fleuve, prendre vraiment l'air… du large. On y vient aussi pour le trip «vie à bord», pour dormir dans sa petite couchette de cabine, préparer de bons repas dans le minuscule coin-cuisine, admirer le soleil couchant en sirotant l'apéro une fois ancré. On y vient, évidemment et surtout, pour la voile, le plaisir de naviguer, au large comme près des côtes, de participer aux manœuvres, d'apprendre ou de réviser la difficile science des nœuds, de s'initier aux lois des courants et des marées. À l'automne, longer la côte forestière est un plus. Sur les flancs de la montagne, on distingue très bien les strates de la végétation : au niveau de l'eau, les résineux, la forêt mixte à mi-parcours, et les feuillus explosant de couleurs dans la partie haute du massif.

Repères Air du large
210, rue Sainte-Anne, Baie-Saint-Paul
418 435-2066 ou www.airdularge.com
Ce centre organise des sorties à la voile d'une journée ou plus mais propose aussi randonnées, sorties en kayak de mer ou en parapente. La descente de la rivière du Gouffre en kayak récréatif est très prisée. Location de kayaks sur place.
Info touristique : 1 800 667-2276 ou
www.tourisme-charlevoix.com

Comment s'y rendre

Route 138 depuis Québec. À Baie-Saint-Paul, prendre la direction centre-ville par la rue de la Lumière, puis la rue Ambroise-Fafard (route 362). Tourner à droite sur la rue Saint-Anne et aller jusqu'au quai.

Les beaux villages de la côte

À l'écart de la grand-route, les petits villages côtiers s'égrènent en chapelet, comme les îles du fleuve. Certains sont touristiques, d'autres très peu et, à l'automne, ils retrouvent tous leur tranquillité. C'est le temps des balades, avec arrêts sur la route des curieux – la 362–, qui mène, moyennant quelques détours, à Petite-Rivière-Saint-François, Saint-Joseph-de-la-Rive, Cap-aux-Oies, Saint-Irénée, Pointe-au-Pic ou Cap-à-l'Aigle, avec vue sur les îles de Kamouraska.

À vélo sur l'île aux Coudres

Vingt-trois kilomètres tout au plus, sur une route plutôt tranquille et un terrain relativement plat, avec vue quasi permanente sur le fleuve, les montagnes et l'île elle-même... Que demander de plus ? L'île aux Coudres est un site par excellence pour le cyclotourisme, avec 40 km de voies cyclables, dont une petite route qui serpente au milieu des vergers et une autre qui conduit vers les marais, en plus du tour complet. Il est facile de trouver des vélos en location sur place.
Location Gérard Desgagnés : 418 438-2332
Centre Vélo-Coudres (service de navette depuis le traversier) : 1 877 438-2118, 418 438-2118 ou www.charlevoix.qc.ca/velocoudres

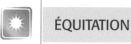

La Malbaie
Cheval nature

VOICI UN CENTRE OÙ LES CHEVAUX sont bien traités, à n'en pas douter ! Vous êtes invité à vous évader sur leur terrain (l'arrière-pays charlevoisien), en leur compagnie et dans le respect de l'animal. Pas question de monter sur la selle, de faire un petit tour, de payer et de s'en retourner. Ici, vous prendrez le temps d'apprivoiser votre monture, de visiter l'écurie, de brosser, seller et nourrir votre cheval, en bref, de « communiquer » avec celui qui vous accompagnera dans les montagnes environnantes.

Spécialisé dans les camps de jeunes (à dimension réduite), la zoothérapie et la rééducation par le cheval, le Centre Équestre Nature offre de belles randonnées guidées en forêt et en montagne. En deux heures, on montera sur la colline à travers la forêt qui sent si bon l'automne. Premier arrêt à un sympathique abri-refuge (qu'on peut louer) pour filer ensuite à dos de cheval jusqu'au sommet de la petite montagne. Pendant que les chevaux se reposent, on admire le paysage depuis un petit relais, dans le bruissement des arbres : une vue à 180 degrés sur le mont des Éboulements, Saint-Irénée et le fleuve au loin ; en contrebas, le plateau plus agricole, avec le massif des Laurentides en toile de fond.

Le forfait « extrême » (entendez : contact prolongé avec votre cheval) vous permet de passer 24 heures sur le site, avec session théorique sur le bel animal et visite de l'écurie, puis équitation, randonnée, repas en plein air et coucher en refuge. Un autre forfait de deux jours (à prix raisonnable), avec hébergement en chalet, vise spécialement les familles – ce qui n'est pas si fréquent.

Repères Centre Équestre Nature
73, rang Saint-Jean-Baptiste, Sainte-Agnès
418 439-2076 ou www.quebecweb.com/equitation
Info touristique : 1 800 667-2276 ou
www.tourisme-charlevoix.com

Comment s'y rendre

Route 138, entre Baie-Saint-Paul et La Malbaie ; après Saint-Hilarion, prendre le rang Saint-Jean-Baptiste à gauche.

ANNE PÉLOUAS

Traversée de Charlevoix

Pour les amateurs de longue randonnée en ski de fond, ce parcours de 105 km qui traverse tout l'hinterland (du parc national des Grands-Jardins au mont Grand Fonds) est mythique. Il se fait en sept jours et six nuits, à raison de 16 à 20 km par jour (mais on peut facilement le couper en deux, ou y faire des randonnées de jour). Il est plutôt ardu, mais le «produit» a gagné en confort au repos, en chalets et en refuges, avec possibilité de transport de bagages. L'été, randonnée pédestre et vélo de montagne sont à l'honneur.
841, rue Saint-Édouard, Saint-Urbain
418 639-2284 ou www.traverseedecharlevoix.qc.ca

Canot-cyclo-camping

Qu'on se le dise : le kayak n'a pas supplanté le canot. En rivière, il peut être très utile… Même sur un parcours facile, comme dans le Parc national des Hautes-Gorges-de-la-Rivière-Malbaie, le canot a toujours sa raison d'être.
Du centre de services Le Draveur, on a accès à un site unique de canot (et kayak), sur 8 km, encaissé entre les montagnes. Des emplacements de camping sont réservés aux canoteurs et aux cyclistes ; ces derniers disposent d'une piste cyclable de 16 km le long de la rivière. Location au parc : 1 800 665-6527 ou www.parcsquebec.com

29 CHARLEVOIX

VIA FERRATA | Raquette | Observation de la nature | Escalade

Les Palissades
La falaise a bon dos

SUR LA ROUTE menant de Saint-Siméon à L'Anse-Saint-Jean, Les Palissades barrent littéralement l'horizon. Façonnées par le passage des glaciers, ces petites montagnes rocheuses ont mis du temps avant d'être mises en valeur.

Le parc d'aventure en montagne Les Palissades a tout pour plaire aux amateurs d'escalade comme à ceux qui veulent s'initier gentiment à la marche-escalade à flanc de falaise. Les pros y trouvent une paroi de 4 km de long sur 400 m de haut, mais avec ses 100 parcours (appelées « voies » dans le monde de l'escalade), l'initiation avec guide est aussi à la portée de tous. Les autres peuvent goûter aux joies de la via ferrata. Muni d'un casque et d'un harnais, on s'attache avec deux longes et des mousquetons à un câble de sécurité en acier. Celui-ci court sur le granit, à même la falaise de 250 m de haut, en un tracé sinueux. Le summum de cette randonnée à la verticale ? À l'automne quand, bien assuré, on peut prendre le temps de tourner la tête ou tout le corps pour profiter du paysage : en contrebas, des forêts rougeoyantes, un grand lac et les méandres d'une rivière. Et même le fleuve Saint-Laurent, à 10 km de là ! La via du Faucon mène au sommet en une petite heure et demie, pauses comprises. La boucle complète, avec retour en forêt, totalise 5 km.

Pour l'adrénaline, on se laisse tenter par une descente en rappel initiatique sur une paroi lisse, haute de 70 m... Et pour finir, on glisse sur une tyrolienne de 250 m au-dessus d'un lac. Une deuxième via ferrata, celle du Lynx, offre un trajet plus court et plus facile.

L'hiver venu (du 15 janvier au 15 avril), la via ferrata des Neiges procure de nouvelles sensations. L'initiation à l'escalade de glace est aussi disponible sur le site, de janvier à mars, tout comme la randonnée en raquettes sur les 35 km de sentiers d'été.

Repères Les Palissades
1000, route 170, Saint-Siméon
1 800 762-4967, 418 638-3833 ou www.rocgyms.com
Info touristique : 1 800 667-2276 ou
www.tourisme-charlevoix.com

Comment s'y rendre

À 12 km de Saint-Siméon, sur la 170 Nord (route de Chicoutimi).

FRANÇOIS-GUY THIVIERGE

Phoques, bélugas et baleines en vue

Pas besoin d'une croisière pour voir des mammifères marins ! L'embouchure du Saguenay est un des meilleurs sites d'observation, surtout pour les phoques et les bélugas. La pointe Noire, à Baie-Sainte-Catherine, est un endroit particulièrement propice. On visite le Centre d'interprétation du parc marin et l'Écomusée de la baleine, près du phare de Saint-Siméon, un autre haut lieu d'observation. Du belvédère, on aperçoit les baleines qui batifolent. Centre d'interprétation et d'observation de Pointe-Noire : 1 888 773-8888 ou www.parcmarin.qc.ca ; Écomusée : 1 866 638-1483

Festival d'aventure

Sur le site des Palissades, le parc organise avec la municipalité de Saint-Siméon le Festival international d'aventure en montagne. Un rendez-vous unique, en août, pour les mordus d'escalade mais aussi pour les randonneurs, les campeurs et tous ceux qui veulent s'initier aux joies de la via ferrata. 1 800 762-4967, 418 647-4422 ou www.rocgyms.com

nos trouvailles

Camping Lévesque
40, route de Port-aux-Quilles
(route 138)
Saint-Siméon
418 638-5220 ou
www.quebecweb.com/campinglevesque
Un beau petit camping privé, en bordure du fleuve. Une halte routière de choix.

Gîte aux Tournesols
571, rue Saint-Laurent
Saint-Siméon
418 638-1405 ou
www.gitescanada.com/8373html
Sur la très passante route 138, mais à cinq minutes de la plage et à vingt des Palissades.

Hôtel Tadoussac
165, rue du Bord-de-l'Eau
Tadoussac
1 800 561-0718, 418 235-4421 ou
www.hoteltadoussac.com
Petite escapade sur la rive nord du Saguenay : l'imposant hôtel n'est pas si cher et offre une vue incomparable sur la plage et l'embouchure du fjord.

Les Palissades
1 800 762-4967, 418 638-3833 ou
www.rocgyms.com
Hébergement sur place en dortoir, chalet, refuge du grimpeur ou bivouac en montagne à prix raisonnable ; chiens en laisse acceptés.

Port-au-Persil
Draveur d'un jour... en kayak de bois

ENTRE LE KAYAK DE MER MINIMALISTE, de type groenlandais, et l'embarcation sophistiquée en fibre de verre, une petite merveille admirée aux Bergeronnes : le kayak en bois. Ceux de Katabatik, en lattes de cèdre, d'acajou ou d'okoumé gabonais, glissent merveilleusement sur l'eau, ont une incroyable tenue de route, sans gouvernail, et sont donc un vrai délice à manœuvrer. Attention, danger : l'essayer, c'est l'adopter !

Prêt pour l'essai ? Même sous une pluie fine, Port-au-Persil est l'un des plus beaux sites de Charlevoix : un hameau niché dans un repli de la côte, un quai, une rivière, une chapelle et… le fleuve. Le temps d'embarquer et la pluie s'est arrêtée. Ne restent que des lambeaux de brume accrochés aux flancs de la montagne ou flottant sur l'eau. Féerique. Les kayaks ont fière allure, dans ce décor de rêve, avec la forêt en pleine explosion automnale.

Direction sud-ouest jusqu'à Port-au-Saumon. Le ciel, gorgé de beaux nuages, vire tranquillement au bleu et on file allègrement sur l'eau calme en longeant les découpures de la côte, toute en granit. Côté terre, le tableau regorge de résineux, avec quelques éclaboussures de feuillus colorés près des ruisseaux. Les caps se succèdent jusqu'à l'approche de Port-au-Saumon. Des îles émergent de la brume. L'apothéose du plaisir survient à l'arrivée, dans la baie, alors que le soleil se couche sur le bois mouillé des kayaks.

(Ce trajet avec guide est inclus dans une expédition de trois jours organisée par Katabatik.)

Repères Katabatik
595, rue Saint-Raphaël, La Malbaie
1 800 453-4850, 418 665-2332 ou www.katabatik.ca
Excursions d'une demi-journée au départ de Petite-Rivière-Saint-François, Baie-Saint-Paul, Sainte-Irénée ou Cap-à-l'Aigle.
Sorties en kayak l'hiver (fin février-début mars)
Info touristique : 1 800 667-2276 ou
www.tourisme-charlevoix.com

Comment s'y rendre

Route 138 depuis Québec ; 27 km après La Malbaie, tourner à droite et descendre le chemin de Port-au-Persil.

Phare de Cap-au-Saumon

L'arrivée en kayak près du phare est magique. Le site est au ras de l'eau, adossé à la falaise. Un organisme à but non lucratif rénove depuis quelque temps des bâtiments de la Garde côtière laissés longtemps à l'abandon. On peut visiter l'endroit par l'eau mais aussi par un sentier descendant du chemin de Port-au-Persil. Une heure de marche pour un petit bijou, ce n'est pas cher payé! En prime, pourquoi pas une petite corvée bénévole, histoire de contribuer à la préservation des lieux? Info : 819 837-3075

Construire son kayak

«Comptez une centaine d'heures de travail», indique Sébastien Savard, qui en a toujours un en chantier dans son atelier de Katabatik. Les matériaux? Du contreplaqué d'acajou, plus lourd mais aussi plus résistant. Celui de cèdre supporte tout de même bien l'eau de mer, et celui d'okoumé est léger et superbe. Un 17 pieds en okoumé ou en cèdre pèse 45 livres, soit moins que le plastique ou la fibre de verre. La coque est à bouchain vif, avec des arêtes rappelant le style groenlandais. Et surtout, pas de gouvernail (du moins pour ceux-là). Un kit à construire coûte de 1100 $ à 1500 $, sans compter les produits de finition ; si vous achetez le kayak tout fait, vous débourserez plus de deux fois ce prix.
Kits offerts par deux fabricants québécois (www.st-arnaud.qc.ca ; www.absolutekayaks.com) et plusieurs américains, dont www.guillemot-kayaks.com et www.clcboats.com/chesapeake.

31 CHARLEVOIX

RANDONNÉE PÉDESTRE | Observation des oiseaux | Vélo de route

Sentier des Caps de Charlevoix

Aux oiseaux sur les caps

UNE JOURNÉE, OU QUATRE, ou six si l'on veut faire la grande traversée de 48 km : le sentier des Caps de Charlevoix regorge de possibilités pour marcher selon son rythme et le temps dont on dispose. Le parcours complet, de Petite-Rivière-Saint-François à la Réserve nationale de faune du Cap-Tourmente, est une longue randonnée soutenue et pleine de surprises. On peut le faire dans les deux sens, mais il descend un peu plus d'est en ouest... De Petite-Rivière-Saint-François, au bord du fleuve, on grimpe toutefois en pente très rude vers le refuge Liguori. La vue sur l'île aux Coudres y est époustouflante. De refuge en refuge, ou de refuge en camping, on file ensuite vers l'ouest en zone toujours forestière mais avec de belles échappées sur le fleuve.

À l'automne, il ne faut surtout pas manquer la partie ouest de ce long sentier. Quand il ne traverse pas une superbe érablière à bouleaux jaunes, c'est qu'il la surplombe. Mais son intérêt principal est ailleurs... particulièrement au temps des grandes migrations. Un drôle de ballet aérien vous attend alors sur les sentiers de Cap-Brûlé, ceux de l'anse de la Montée du Lac, à partir du refuge de la Faille, ou, mieux encore, sur celui qui redescend à flanc de falaise pour gagner la réserve du Cap-Tourmente, à partir de la cime du même nom. Pas besoin de jumelles pour voir les oies des neiges au loin sur le rivage ni de regarder très haut dans les airs... Non, vous êtes ici au niveau, voire au-dessus de leurs battements d'ailes. Oubliez les sombres oiseaux d'Hitchcock et laissez-vous entraîner dans ce vol au-dessus des oies. Un rendez-vous à ne pas manquer pendant la première quinzaine d'octobre !

Repères Sentier des Caps de Charlevoix
Un site de choix, aussi, pour le ski de fond et la raquette en hiver
2, rue Leclerc (route 138), Saint-Tite-des-Caps
Info : 1 866 823-1117, 418 823-1117 ou
www.sentierdescaps.com
Info touristique : 1 800 667-2276 ou
www.tourisme-charlevoix.com

Comment s'y rendre

Route 138 depuis Québec. Accès par Saint-Tite-des-Caps, Le Massif ou Petite-Rivière-Saint-François. Plusieurs autres entrées ou sorties d'urgence entre Saint-Tite et Le Massif.

CAP TOURMENTE

Un cratère historique

Histoire d'un gros boum : la chute
d'une météorite géante pesant
15 milliards de tonnes. Il y a
350 millions d'années, elle transforma
toute la région de Baie-Saint-Paul, à l'ouest de La Malbaie,
en un immense cratère. Pour le visualiser vraiment, il faut
suivre le sentier pédestre du Lac-des-Cygnes, dans le parc
national des Grands-Jardins, et grimper jusqu'au sommet.

Randonnées nature

À pied ou à vélo, seul ou avec guide, les Randonnées-nature
Charlevoix proposent un circuit de deux heures à vélo, avec
audioguide, pour découvrir les plus beaux coins du village
de Baie-Saint-Paul et de la campagne alentour. On peut aussi
marcher une bonne demi-journée avec un guide naturaliste
sur l'escarpement du mont du Lac à l'Empêche. Aussi, circuit
d'interprétation en autobus avec un guide naturaliste pour
faire le tour du cratère.
Randonnées-nature Charlevoix :
11-1, rue Ambroise-Fafard, Baie-Saint-Paul
Info : 418 435-6275 ou www.randonneesnature.com

CHAUDIÈRE-APPALACHES

Longeant le fleuve Saint-Laurent sur plus de 200 km, la région s'étale comme un véritable jardin en face de la Vieille Capitale. Elle jouit d'une localisation géographique enviable et se révèle à travers les multiples visages de la nature et de la culture québécoises. Plusieurs villages des côtes de Lotbinière, Bellechasse et Côte-du-Sud sont d'ailleurs classés parmi les plus beaux de tout le Québec.

P. CARON/ATR CHAUDIÈRE-APPALACHES

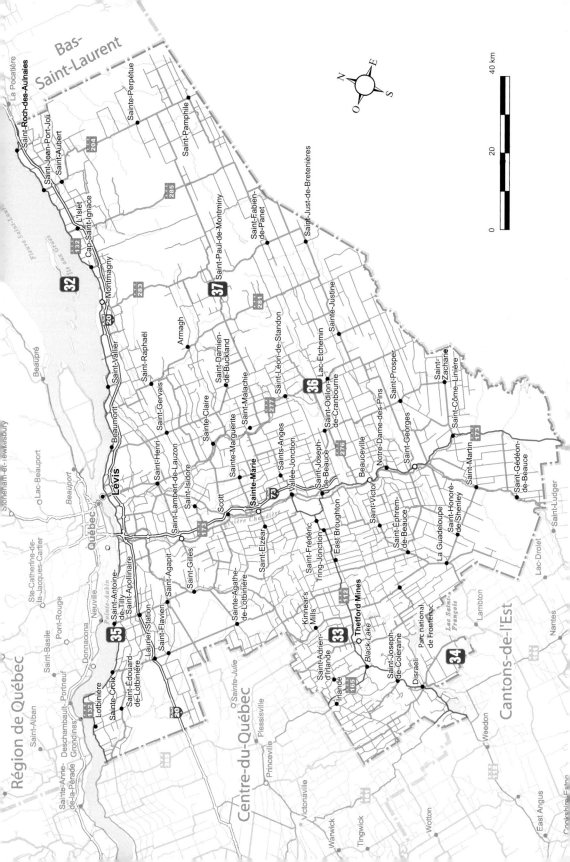

Vélo de route

Île aux Grues
L'île aux oiseaux

«UN GARS COMME Jocelyn Landry est une richesse dans un milieu!» s'exclame François Lachance, propriétaire des Croisières Lachance. Et ce monsieur en sait quelque chose, lui qui sillonne le Saint-Laurent depuis plusieurs décennies pour faire découvrir ses beautés aux touristes. Ces deux passionnés ont créé plusieurs produits d'écotourisme sur quelques îles de l'archipel de Montmagny (qui compte 21 îles), entre l'île d'Orléans et l'île aux Coudres, là où le fleuve se charge de sel, et où marées et courants lui donnent des allures maritimes (7 m de différence entre marée haute et marée basse!). Le capitaine de bateau conduit les visiteurs à travers l'archipel en racontant l'histoire de ses aïeux, tandis que le biologiste les guide sur l'île aux Grues, entre autres, pour la tournée VIP, une séance d'observation ornithologique teintée de culture et de géographie.

Au large de Montmagny, à seulement 5 km de la côte, cette île de 110 habitants est un repaire ornithologique exceptionnel; ses 218 espèces répertoriées n'ont à craindre aucun prédateur à quatre pattes, au point que certaines d'entre elles nichent à même le sol, facilitant ainsi l'observation. Jocelyn Landry a accommodé un véhicule panoramique pour amener les observateurs sur les battures séparant l'île aux Grues de l'île aux Oies, ainsi baptisée en référence au million d'oies qui y transitent chaque année. On y observe aisément le canard noir, le hibou des marais, le busard Saint-Martin, la crécerelle d'Amérique, le goglu des prés ou encore le râle jaune pourtant en péril au Québec et qu'on voit ici en nombre. Et l'activité se fait dans le strict respect des règles du Sans trace. Un forfait avec coucher sur l'île est également offert pour profiter à plein des heures propices du matin et du soir, et goûter un peu du charme de la vie rurale de l'île. «Cette île est un lieu de migration à la fois humaine et aviaire, et c'est ce qui la rend si fascinante», résume le biologiste. Quant à voir des grues sur l'île aux Grues, n'y comptez pas : les colons donnèrent son nom à l'île par erreur, prenant les grands hérons pour des grues.

Repères Ornitour propose de nombreuses activités guidées dont la tournée VIP, de six heures, offerte de mai à octobre à des groupes d'une dizaine de personnes (mai est le meilleur moment). D'autres circuits ornithologiques sont au programme. Info et réservation : 418 246-3366 ou www.ornitour.net
Croisières Lachance : 1 888 476-7734 ou
www.croisiereslachance.qc.ca
Un nouveau pavillon d'accueil est installé sur l'île.

Comment s'y rendre

À partir de Montréal ou de Québec, emprunter la 20 Est jusqu'à Montmagny.

NATHALIE SCHNEIDER

La mi-carême à L'Isle-aux-Grues

Voilà une tradition bien ancrée chez les insulaires : une fête de cinq jours, à la mi-carême, à laquelle tous les résidants participent. Dès la fin de l'hiver, les 110 insulaires revêtent les costumes confectionnés durant l'année par les femmes de l'île et vont de maison en maison pour une tournée nocturne. Le but : ne pas se faire reconnaître sous le masque ! Les plus beaux costumes sont exposés au Musée de la mi-carême, au bureau touristique de l'île. Corporation du développement touristique de L'Isle-aux-Grues : www.isle-aux-grues.com/tourisme

Autour : 700 km de vélo !

Consultez le Guide vélo de la région Chaudière-Appalaches. Dix circuits cyclables sont répertoriés avec information précise sur le parcours, le degré de difficulté et la circulation automobile. Chaque fiche est illustrée par des photos et comprend une carte détaillée. Un répertoire sur l'héberge-ment est inclus. Le document est aussi offert dans Internet (www.velochaudiereappalaches.com).

nos trouvailles

Fromagerie S.C.A. de L'Isle-aux-Grues
210, chemin du Roy
L'Isle-aux-Grues
418 248-5842 ou
www.isle-aux-grues.com
On y en apprend un peu plus sur la fabrication des trois fromages au lait non pasteurisé faits sur l'île :
le Mi-Carême, le Riopelle et la Tomme.

Café aux Quatre vents
233, chemin du Roy
L'Isle-aux-Grues
418 248-4644
On y en va surtout pour déguster l'esturgeon du chef de même que le plateau de fromages produits à la ferme voisine. Et pour entendre l'accent des insulaires.

Air Montmagny
418 248-3545 ou
www. airmontmagny.com
Ses petits avions transportent surtout les écoliers, chaque jour, vers l'école de Montmagny, ou encore le lait produit sur l'île, mais on peut s'offrir un survol de la région pour voir l'archipel d'un autre œil.

Manoir des Érables
220, boulevard Taché Est
Montmagny
1 800 563-0200, 418 248-0100 ou
www.manoirdeserables.com
Ses suites sont grandioses, et que dire de sa table ? Cet hôtel marie le luxe aux escapades en plein air à un prix relativement abordable. Prenez la peine de saluer les propriétaires, intarissables sur la région.

Mont Adstock
Volcan miniature

LE MONT ADSTOCK DONNE AU PAYS de l'amiante une petite touche altière. En effet, cette jolie montagne de forme conique, qui ressemble à un petit volcan, découpe fièrement l'horizon tel un sphinx. Cette belle protubérance est le lieu de rendez-vous favori des marcheurs de Thetford Mines, situé à proximité, mais aussi des amateurs de vol libre qui, depuis le sommet, prennent leur envol, au grand bonheur des marcheurs admiratifs devant leurs prouesses aériennes.

Pour accéder au sommet dégarni, on emprunte un sentier en forme de boucle, accessible depuis le stationnement de la petite station de ski. Normalement, les marcheurs optent pour le trajet dans le sens contraire des aiguilles d'une montre ; ainsi, on amorce l'ascension dans une forêt mixte qui sent bon l'humus. Malgré une distance relativement courte pour rejoindre le sommet (un peu plus de 1 km), le degré de difficulté est assez élevé, la pente étant fortement inclinée : 335 m de dénivelé à gravir d'un seul trait. Le sentier grimpe sans vraiment d'accalmie parmi une horde de beaux arbres et sous la clameur de quelques volatiles bien en voix.

En gagnant de l'altitude, on remarque la transition forestière, surtout à mi-pente environ, où le changement est bien palpable. Puis, en approchant du sommet, on note une présence accrue de conifères et, une fois arrivé sur la cime, on a droit à un panorama de 360 degrés. En bas, au pied de la montagne, baigne le lac à la Truite, tandis qu'on voit au loin les mines d'amiante de Thetford Mines. Plus à l'est, le lac Saint-François brille de tous ses feux. On profite de ce moment pour pique-niquer au sommet tout en admirant le vol plané des adeptes de parapente ; le retour se fait tout en douceur, par les pistes de ski.

Repères Le sentier du mont Adstock s'étire sur environ 3 km. Chiens en laisse acceptés. Accès gratuit.
Info : 1 877 335-7141, 418 423-3333 ou www.tourisme-amiante.com

Comment s'y rendre

Prendre l'autoroute 20 jusqu'à la sortie 228. Virer à droite et continuer sur la route 165, puis prendre à droite la route 263. À Princeville, emprunter la route 116 à gauche. À Plessisville, tourner à droite sur la route 265. À Black Lake, virer à gauche et poursuivre sur la route 112. À Thetford Mines, tourner à droite sur la route 267 et continuer jusqu'à la station de ski.

Géologie

Le mont Adstock, comme les monts Owl's Head et Orford, est un vestige du fond océanique de l'ancien océan Iapétus, une montagne d'origine sous-marine, en quelque sorte. Son existence remonte à l'orogenèse taconique, la première phase de formation des Appalaches du sud-est du Québec, il y a environ 450 millions d'années. Composé de roches de type gabbro (comme le mont Royal), le mont Adstock est traversé par de rares filons de diabase. Il est possible d'observer des stries glaciaires formées par les débris enchâssés à la base des glaciers.

Parc national de Frontenac
Entre lac et tourbière

SI VOUS NE CONNAISSEZ PAS LE PARC national de Frontenac, n'en soyez pas embarrassé : il n'est pas le plus connu des parcs gérés par la Sépaq. Pourtant, avec ses 155 km2, il occupe la 7e position du réseau en ce qui a trait à la superficie. Et c'est également l'un des plus récents, puisqu'il a été créé en 1987, à cheval sur les Cantons-de-l'Est et Chaudière-Appalaches.

Ici, nul relief escarpé ni point de vue élevé. Le parc s'étend dans un milieu plat, ponctué de très belles étendues d'eau, notamment le surprenant lac Saint-François, qui s'étire le long d'une région agricole ponctuée de cinq municipalités. Le parc concentre ses activités sur deux secteurs ; un troisième, le secteur Sainte-Praxède, est ouvert mais ne propose pour l'instant aucune activité. Le secteur Sud abrite la superbe baie Sauvage et le lac à la Barbue. On y pratique le kayak de mer, le canot ou le rabaska (location sur place) dans un décor de forêts mixtes et d'îles où l'on peut camper. Le secteur Saint-Daniel, moins lacustre, joue le jeu de la « haute mer » grâce au lac Saint-François, dont un tiers environ empiète sur le territoire du parc. On peut y naviguer à la voile le long de ses 27 km entre le barrage Jules-Allard et Lambton. Les amateurs de plein air déplorent d'ailleurs les effets néfastes du barrage sur le milieu naturel et réclament une enquête pour rendre compte des dommages environnementaux (voir *Barrage Jules-Allard* ci-contre).

Dans cette région marquée par l'exploitation minière, la fermeture des mines et un contexte socioéconomique plutôt difficile, l'écotourisme semble chargé de promesses. Et le parc est directement lié à ce développement. Chaque année, quelque 55 000 visiteurs, surtout de la région, viennent profiter de ses pistes cyclables (trop courtes), de ses étendues d'eau et de ses 200 emplacements de camping. Incontestablement l'un des secrets les mieux gardés des parcs nationaux du Québec.

Repères Parc national de Frontenac
599, chemin des Roy, Lambton
418 486-2300, 1 800 665-6527 ou www.parcsquebec.com

Comment s'y rendre

Autoroute 10 Est, puis route 112 jusqu'à East Angus. Emprunter la 253 jusqu'à Cookshire-Eaton, puis la 108 jusqu'à Lambton.

NATHALIE SCHNEIDER

Le sentier de la tourbière

Ce sentier en boucle de 4,5 km sur trottoirs de bois serpente au cœur de la tourbière, un habitat humide que l'on trouve généralement plus au nord du Québec (cette tourbière est celle qui se trouve le plus au sud). À cause d'un mauvais drainage, le sol y est très acide et humide, ce qui a pour effet de conserver étonnamment bien tous les organismes qui s'y déposent (on a découvert des restes humains datant de plusieurs milliers d'années très bien conservés dans des tourbières d'Irlande). Orchidées et plantes insectivores poussent près des tapis de sphaigne. Le sentier débute dans une forêt en régénération puis se poursuit dans la tourbière, particulièrement odoriférante.

Barrage Jules-Allard

Construit en 1917 en amont du lac Saint-François et refait en 1984, ce petit barrage cause quelques émois chez les environnementalistes. En effet, il fait tellement baisser le niveau d'eau (jusqu'à 6 m) que le doré ne peut plus frayer, ce qui nuit à sa survie. De plus, la végétation des rives, entre autres les nénuphars, et les grenouilles du lac ont totalement disparu. L'Association des riverains du grand lac Saint-François a demandé une enquête sur les effets du barrage – qui participerait à la dégradation de la qualité de l'eau et à la prolifération des cyanobactéries. L'association exige notamment de diminuer l'amplitude du marnage.

Saint-Antoine-de-Tilly

Les pieds dans l'eau

DIFFICILE DE MARCHER PLUS PRÈS DE L'EAU… À Saint-Antoine-de-Tilly, sur la rive sud, longer la berge du fleuve procure un plaisir rare : celui d'une randonnée pédestre originale, en terrain plat, avec la falaise d'un côté et le Saint-Laurent de l'autre. Il faut consulter la carte des marées si l'on ne veut pas avoir de mauvaises surprises, car c'est à marée basse seulement que l'on peut s'offrir la totalité du trajet !

Le périple débute à Pointe-Aubin, à l'est de Saint-Antoine-de-Tilly. Le sentier pédestre de la plage est accessible par la route de la Pointe-Aubin : à gauche à même la rive. Au loin, on aperçoit bien la pointe du Chalet des Phares et l'église du village, aux deux tiers du trajet complet de 10 km, avec possibilité de remonter sur la route principale à quatre endroits. Le fleuve n'est pas très large et une falaise abrupte barre l'horizon à gauche. On marche en bordure d'une zone de verts marécages, découverte par la marée et un brin mouvante. Il ne faut pas avoir peur de se mouiller un peu les pieds, d'autant que l'on doit aussi franchir à gué quelques ruisseaux descendant de la falaise.

Au passage, on admire des saules grandioses, d'énormes racines d'arbres vivants dénudées par l'eau, d'impressionnants troncs d'arbres morts couchés sur la grève. La brise fluviale accompagne nos pas autant que les oiseaux de rivage. À l'approche du village, les maisons se font plus nom-breuses au bord de l'eau. Au-delà de l'église, on évitera de se retrouver à la pointe du Chalet des Phares à marée montante… pour éviter de devoir rebrousser chemin !

Le trajet se poursuit sur 3 km en terrain encore plus sauvage. Le fleuve s'élargit en baie, et les marais intertidaux (entre les marées les plus hautes et les plus basses) s'étendent eux aussi. De l'autre côté du quai, on finit le périple sur une plage incurvée qui mène au parc municipal. Le trajet s'effectue tout aussi bien dans l'autre sens !

Repères Sentier de la plage de Saint-Antoine-de-Tilly : 10 km, 2 h 30 à 3 h ; carte auprès des Amis du marais de Saint-Antoine-de-Tilly.
Info : 418 886-2797 ou au bureau d'accueil touristique au 418 886-2797

Comment s'y rendre

À 40 km en amont de Québec. Sortie 291 de l'autoroute 20, puis route 273 vers Saint-Antoine-de-Tilly. Au village, route 132 vers l'est, puis route de la Pointe-Aubin à 6 km à droite. Stationnement avant la descente à pied vers la plage. Autres stationnements au parc municipal (3,5 km à l'ouest du village), à l'ouest du quai municipal ou dans le village.

ANNE PÉLOUAS

Du bonheur à vélo

Accroché au bord d'un plateau dominant le fleuve, avec de beaux panoramas, des maisons ancestrales et plusieurs arrêts gourmands, Lotbinière est un itinéraire de choix pour les cyclistes. Deux options : le circuit Fleuve et terroir, qui longe en partie la route 132 et permet de découvrir deux des plus beaux villages du Québec, Lotbinière et Saint-Antoine-de-Tilly ; le Parc linéaire de Lotbinière, qui relie les régions de l'ouest de la province à Québec en passant par l'arrière-pays.
Guide vélo Chaudière-Appalaches : disponible dans tous les bureaux touristiques et sur www.velochaudierappalaches.com.

Un jardin sur le fleuve

Pointe Platon : on ne sait pas exactement d'où elle tire son nom, cette drôle de pointe/cap entre Lotbinière et Sainte-Croix, qui abrite le Domaine Joly-De Lotbinière, œuvre de passionnés. Véritable laboratoire arboricole de Henri-Gustave Joly, homme politique et défenseur des forêts de la fin du XIXe siècle, l'immense parc-jardin a gardé ses allures romantiques. La fondation qui le gère aujourd'hui a pour mission la conservation et la mise en valeur du domaine. Le jardin est planté d'arbres centenaires. Un manoir ainsi qu'un petit café-terrasse voisinent avec des sentiers ombragés et divers jardins de fleurs, légumes anciens ou plantes médicinales.
Domaine Joly-De Lotbinière, 7015, route de Pointe-Platon, Sainte-Croix, 418 926-2462 ou www.domainejoly.com

nos trouvailles

La Grange des phares
837, rue des Phares
Saint-Antoine-de-Tilly
418 886-2230
De belles antiquités à prix très honnêtes.

Manoir de Tilly
3854, chemin de Tilly
Saint-Antoine-de-Tilly
1 888 862-6647, 418 886-2407 ou
www.manoirdetilly.com
Une auberge sur le fleuve, avec une table pour se payer la traite après l'effort.

Fromagerie Bergeron
3837, route Marie-Victorin
Saint-Antoine-de-Tilly
418 886-2234 ou
www.fromagesbergeron.com
Le roi du gouda *made in* Québec

Gîte La maison Normand
3894, chemin de Tilly
Saint-Antoine-de-Tilly
418 886-1314
Un ex-magasin général superbement rénové et décoré.

85

Mont Orignal
Un centre familial

LE SYMPATHIQUE PETIT CENTRE de ski de fond du mont Orignal, à Lac-Etchemin, dans Bellechasse, plaira à ceux qui aiment sortir des sentiers battus, loin des centres à la mode. Le départ des cinq pistes, entretenues mécaniquement, se fait à proximité de la station de ski alpin du même nom. Les pistes pour le pas classique sont tracées à l'ancienne (pistes simples et à sens unique) et elles s'engagent rapidement en forêt. Après un bref passage dans une érablière, leur tracé sinueux traverse un boisé de résineux où se dressent grosses épinettes et beaux sapins pétants de santé. Le terrain est vallonné, et quelques descentes agrémentent la glisse.

Le niveau de difficulté des pistes est généralement bas. Ce centre convient donc parfaitement à la petite famille et aux fondeurs moins expérimentés qui sont plus contemplatifs que sportifs. Ceux qui aimeraient tout de même ouvrir un peu les valves peuvent s'offrir la piste tracée pour le pas de patin, qui emprunte un terrain plus accidenté.

Repères Station de ski Mont-Orignal, 158, rang du Mont-Orignal, Lac-Etchemin
Info : 1 877 335-1551, 418 625-1551 ou www.montorignal.com/ski_fond.aspx

Comment s'y rendre

Prendre l'autoroute 20 jusqu'à la sortie 325. Poursuivre sur la route 173 Sud et continuer sur la route 277 à Saint-Henri. Peu après Saint-Léon-de-Standon, virer à droite sur le rang de la Grande-Rivière.

GAÉTAN FONTAINE

Un brin d'histoire

C'est en 1830 que le premier contingent de colons s'installa sur le bord du lac Etchemin, une longue nappe d'eau qui s'étire d'est en ouest sur 5 km. Le lac jouera un rôle important dans l'existence de la municipalité. Anciennement, l'abondance des orignaux et des caribous favorisa l'approvisionnement en peaux nécessaires à la confection des raquettes, une activité fort prisée par les Abénaquis, les premiers résidants de Lac-Etchemin. Le nom du lac Etchemin en langue abénaquise *Ataman*, qui signifie « là où ils lacent les raquettes », témoigne de cette culture ancestrale.

37 CHAUDIÈRE-APPALACHES

RAQUETTE

Montagne Grande Coulée

Dans la poudreuse

LA MONTAGNE GRANDE COULÉE porte bien son nom, car elle est séparée en son milieu par... une grande coulée ! Celle-ci s'avère un corridor parfait pour accéder directement au sommet, en suivant le sentier des Orignaux. Le chemin bien damé grimpe et zigzague allègrement. Une quinzaine de ponts permettent d'enjamber le torrent qui coule au fond, à l'ombre de merisiers géants plus que centenaires.

Il faut être en forme, car la pente est constante et on passe rapidement de 500 à 853 m. Un refuge invite à une petite pause à mi-chemin. Au sommet, la vue porte sur toute la plaine du Saint-Laurent.

Le sentier fait le tour du sommet plat. La forêt est aussi belle qu'en montant, mais différente. Les conditions climatiques favorisent l'enrobage des conifères d'une généreuse carapace de neige glacée ; on se croirait aux monts Valin. D'ici, on peut rallonger la randonnée au moyen de deux courtes boucles, ou encore redescendre par le sentier des Versants, qualifié d'« extrême ». Ce n'est pas de l'authentique raquette-extrême-sauvage-hardcore, et c'est fichument bien tracé. Le sentier exploite à merveille le terrain, en longeant des crans de roches où s'accrochent d'éphémères stalactites. Les montées sont parfois très abruptes, tout comme les descentes, qui permettent de sauter à volonté dans la poudreuse ou de glisser sur les talons. Le terrain est dégagé à souhait, car nous sommes sur les pistes de l'ancien centre de ski alpin. Le chalet des skieurs, au pied de la montagne, est maintenant baptisé « camp de base » et abrite l'Appalaches Lodge où nous attend, toujours à l'extérieur, la baignoire à remous à l'eau bien chaude...

Repères Ce parcours d'une dizaine de kilomètres prend un minimum de trois heures. Les autres pôles du parc ont aussi des sentiers de raquettes ; on peut joindre ces pôles en longue randonnée de deux ou trois jours. Services à l'accueil de la Grande Coulée : stationnement, abri, toilettes. À l'accueil Sainte-Lucie : location de raquettes. Droits d'accès de 5 $ au site de la montagne Grande Coulée. Parc régional des Appalaches : 1 877 827-3423 ou www.parcappalaches.com.

Comment s'y rendre

Sortie 378 de l'autoroute 20, puis route 283 Sud. Ensuite, route 216 Ouest jusqu'à Saint-Paul-de-Montminy, route Sirois, 5e rang et chemin de la Coulée.

GILLES MORNEAU

Attention au Saint-Michel !

Connaissez-vous le Saint-Michel ? C'est ainsi que les forestiers nomment les sections de régénération de sapin très denses, où l'action du vent accumule la neige dans la partie supérieure des arbres plutôt qu'au sol, créant des poches d'air. Sur le dessus de la montagne où il neige abondamment, la rencontre avec le Saint-Michel peut donner lieu à des situations amusantes. Vous circulez hors sentiers et découvrez une clairière, où quelques têtes de sapins émergent à peine de la neige. Il se peut qu'ils aient en réalité plus de deux mètres de haut. En posant la raquette près de l'un deux, hop ! vous voilà enfoncé dans la poudreuse jusqu'à la taille ! Vous avez été piégé par le Saint-Michel.

Bien sûr, vous arriverez sans mal à vous dépêtrer, mais surveillez tout de même les cheminées creusées par la respiration des ours en hibernation. Le Saint-Michel isole du froid, et les ours aiment bien y installer leur tanière pour l'hiver. Et personne n'aime se faire réveiller par un coup de raquette sur le ciboulot.

CÔTE-NORD

Au nord, le fleuve prend une ampleur maritime. On y plonge, rame, observe la faune en grand. Et même sur la terre ferme, il n'est jamais bien loin.

ANNE PÉLOUAS

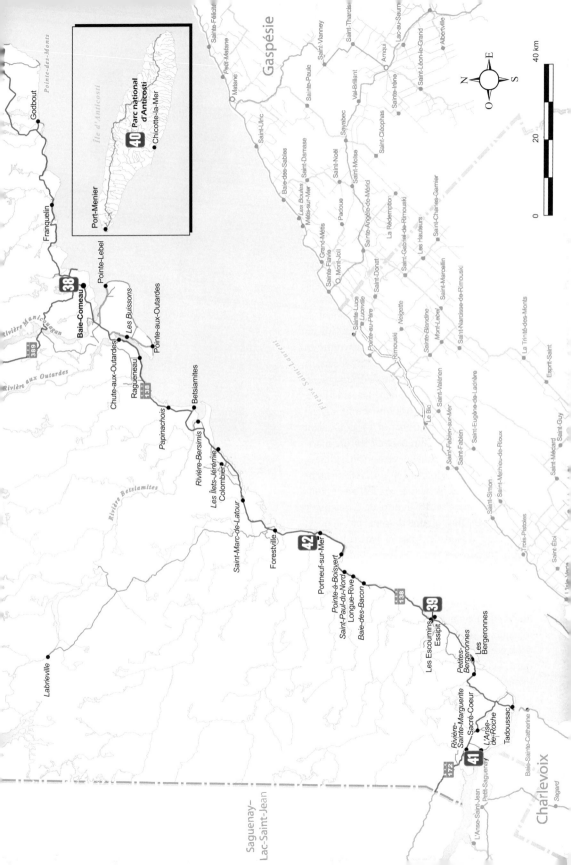

Centre boréal du Saint-Laurent

Sueurs froides au Jardin des glaciers

ON CROIT ALLER CRAPAHUTER DANS LES RELIEFS d'un parc, et voilà qu'on déambule dans le cœur d'une église désaffectée ! La chose peut surprendre, au premier abord, mais pas quand on connaît le directeur du Centre boréal, Christian Bouchard, un passionné visionnaire comme on en rencontre en région. Le Centre boréal du Saint-Laurent cumule deux territoires : un centre multimédia interactif, qui sera installé dans l'église aménagée de Baie-Comeau (et dont les expositions seront signées Productions Laser Quantum, qui ont pour client le Cirque du Soleil), et un parc d'aventure maritime de 40 km² (le Jardin des glaciers maritimes), où l'on pratique randonnée (30 km), vélo de montagne (25 km), kayak de mer, via ferrata et plongée sous-marine. Deux parcours de tyrolienne y sont installés, ainsi qu'une descente en rappel et huit parois d'escalade. Mais la particularité du Centre boréal, c'est de marier l'activité de plein air à l'éducation approfondie.

Le centre d'expérience glaciaire, qui devrait ouvrir à l'automne 2008, promet d'être un carrefour d'information majeur sur les changements climatiques et sur les effets de la glaciation, marquée par la présence ancienne d'un mur de glace de 3 km, qui a laissé des traces géomorphologiques surprenantes. La grande exposition multimédia (en projet) expliquera ce que l'on observe déjà sur le terrain : la Côte-Nord recèle des traces évidentes du passage des glaciers (l'inlandsis laurentidien, qui remonte à 100 000 ans) et des vallées qu'ils ont lais-sées, des cannelures glaciaires géantes et des fjords (baies profondes sculptées par une langue glaciaire). On y observe les plus hauts bancs coquilliers du monde, constitués à 90 % de coquilles, sur 15 m d'épaisseur (voir *L'inlandsis laurentien* ci-contre).

Trois circuits de découverte sont proposés dans le parc : le circuit des Glaciers (3,5 km) pour observer le chenal, le Grand Tour (14 km) pour mieux comprendre les phénomènes glaciaires, et enfin celui des Mers anciennes (5 km) consacré à la fluctuation du niveau marin.

Repères Le Centre boréal du Saint-Laurent est situé à Baie-Comeau. On y propose un service de navette électrique gratuite pour accéder au parc et aux activités. Hébergement en yourte, en camping rustique ou en tente prospecteur (au lac Glaciaire, à la baie du Garde-Feu et à l'anse à Moreau). Info : 1 877 296-0182, 418 296-0182 ou www.projetcentreboreal.com

Comment s'y rendre

Suivre la route 138 jusqu'à Baie-Comeau. Le Centre boréal est au milieu de la ville, au 3, avenue Denonville.

NATHALIE SCHNEIDER

Secteur de la baie du Garde-Feu

Deux parcours de via ferrata offrent une perspective ludique et vertigineuse sur le fleuve : la via ferrata des Cannelures (850 m) et celle des Mers (1,3 km). Avec un peu de chance, on peut escalader le sentier en observant les baleines un peu plus bas. Tout près, on peut se lancer en tyrolienne à partir d'une tour de 40 m. Cet ambitieux centre a tout pour informer autant que pour divertir. Et illustre bien cette diversification économique dont les régions ont grandement besoin.

L'inlandsis laurentidien

Il y a environ 100 000 ans, en pleine ère glaciaire, une grande partie de l'Amérique du Nord (incluant le Québec) commençait à se couvrir d'une couche de glace qui a atteint 4 km d'épaisseur : l'inlandsis laurentidien. Il y a 18 000 ans, le réchauffement du climat a fait fondre cette glace, provoquant la création de cinq mers postglaciaires, ce qui explique la présence de coquillages en grand nombre. Les eaux de fonte du glacier ont été emportées sur de vastes territoires, creusant ainsi des chenaux fluvio-glaciaires, sortes de dépressions en U à près de 200 m au-dessous du niveau de la mer d'alors. Ces chenaux sont aujourd'hui au-dessus du niveau maritime et peuvent être observés en grand nombre notamment sur la Côte-Nord.

39 CÔTE-NORD

PLONGÉE SOUS-MARINE

Les Escoumins
Dans les eaux cristallines

PLONGER DANS LES EAUX CHAUDES des mers du sud à la conquête des récifs coralliens et de leur faune abondante est une expérience inoubliable. Mais explorer les eaux froides et tout aussi fertiles du Saint-Laurent demeure un *must* pour tout plongeur qui se respecte. Direction Les Escoumins, la mecque de la plongée au Québec, au nord de Tadoussac. Ici, on ignore tout du *wetsuit*-short… Été comme hiver, l'eau du fleuve, qui varie de quelques degrés seulement autour du point de congélation, exige le port du *drysuit*. Les fameux courants froids, empruntant le chenal laurentien à plus de 300 m de profondeur, drainent la nourriture abondante que viennent chercher les mammifères marins – rorquals, bélugas, phoques – qui fréquentent assidûment ces eaux. Attirant, par la même occasion, bon nombre de touristes nord-américains et européens, avides de vivre l'expérience mythique de l'observation des baleines.

Plonger en combinaison étanche est un sport en soi ; si l'on est peu habitué à jouer avec sa valve pour équilibrer son air (et sa stabilité), l'expérience peut prendre l'allure d'une voltige sous-marine sans fin. Quand on maîtrise un tant soit peu la technique, c'est la porte ouverte sur un monde fascinant, que l'on ne soupçonne pas de la rive. Concombres et étoiles de mer, anémones plumeuses, algues corallines, crabes, poissons… toute vie à quelques mètres de profondeur décline sa palette de couleurs variant du jaune au rouge en passant par l'orangé. Les organismes qui s'accrochent aux fonds géologiques donnent aux roches d'incroyables teintes rosées. Mais attention : la plongée en eau froide et dans les courants profonds s'adresse exclusivement aux plongeurs aguerris. C'est pour ouvrir les portes de ce monde ésotérique au grand public que Parcs Canada a mis au point l'activité Plongée en direct dans le parc marin du Saguenay–Saint-Laurent (voir *Un parc les pieds dans l'eau* ci-contre). Parce que la mission de conservation du parc passe aussi par sa mise en valeur.

Repères Si l'on détient son brevet d'accréditation PADI, on peut organiser ses plongées indépendantes à partir du Centre de découverte du milieu marin, aux Escoumins, ou recourir aux services d'un instructeur. On peut y louer tout le matériel nécessaire. Accès au centre : 7,80 $.
Info : 418 233-4414 (en saison) ou 418 235-4703 (hors-saison)

Comment s'y rendre

Suivre la route 138 à partir de La Malbaie, à l'est de Québec. Prendre le traversier à Baie-Sainte-Catherine, jusqu'à Tadoussac, puis poursuivre sur la 138 jusqu'aux Escoumins. Le centre est situé au 41, rue des Pilotes.

PARCS CANADA

NATHALIE SCHNEIDER

Plongez sans vous mouiller !

Il est possible de vivre l'expérience de la plongée sous-marine dans l'estuaire du Saint-Laurent sans quitter son siège ! Le public non initié est invité à suivre en direct, sur écran, des plongeurs-naturalistes d'Explos-Nature (un organisme voué à l'éducation aux sciences naturelles), reliés par la caméra subaquatique Exo 26 qui transmet les images et le son dans la salle de projection. Le public peut poser des questions auxquelles les plongeurs répondent en temps réel, en même temps qu'ils montrent tout ce que recèle le fleuve. De quoi donner aux «visiteurs» le goût de suivre une formation en plongée sous-marine ! Le Centre propose aussi des expositions intéressantes sur les particularités de l'estuaire, notamment sur la bioluminescence.

Explos-Nature : 1 877 637-1877 ou www.explos-nature.qc.ca

Un parc les pieds dans l'eau

Le parc marin du Saguenay–Saint-Laurent est bien particulier : il est le seul, au Québec, à miser sur la conservation et sur la mise en valeur d'un patrimoine exclusivement marin. Un réseau de cinq secteurs distincts se partage le territoire cernant l'estuaire, mais aussi le fjord du Saguenay : les secteurs de l'Estuaire, du Fjord-Sud, du Fjord-Nord, des Baleines, puis des Navigateurs. Une multitude de sites d'interprétation disséminés sur le territoire du parc fournissent information et activités aux visiteurs.

Parc marin du Saguenay–Saint-Laurent : 418 233-4414 ou www.parcmarin.qc.ca

Parc national d'Anticosti
La reine du golfe

QUAND ON PENSE AVOIR VU LES LIEUX les plus sauvages du Québec, c'est un peu blasé qu'on débarque sur l'île d'Anticosti. Paradis de la pêche au saumon printanière et de la chasse au cerf automnale, l'île de l'estuaire n'a que ses étés à offrir aux gens de plein air. Quelques jours seulement, et vous serez conquis par cette île qui a préservé ses trésors naturels.

Un pied hors de Port-Menier, et le dépaysement est garanti ! Place aux cerfs qui pullulent et aux milliers d'épinettes et de sapins qui empiètent sur les chemins de terre et la «transanticostienne», la route principale de gravier. (Le *pick-up* est de rigueur pour ceux et celles qui veulent voyager par leurs propres moyens.)

Dans le secteur sud de l'île, on loge à l'auberge ou dans les chalets de Chicotte-la-Mer, au camping Chicotte ou à ceux de Galiote, Rivière-à-la-Loutre ou Brick-la-Mer. Une balade à cheval sur la plage et sur les – faibles – hauteurs de l'île ? Un premier beau canyon ? Dans ceux de Brick et de Chicotte, on marche littéralement sur les fossiles, ou plutôt sur des roches «animales» incrustées de minuscules organismes marins morts depuis des millions d'années. On peut se promener des heures sur de belles dalles plates qui descendent à la mer en escaliers et se baigner dans la rivière Chicotte.

Côté nord, les falaises fouettées par le vent dominent la côte. Le kayak est ici le meilleur moyen de profiter du panorama et du relief de l'île entre McDonald et Vauréal. On dort à l'auberge McDonald, en chalet à Vauréal ou aux campings Wilcox, Baie-de-la-Tour, Rivière-à-la-Patate, Rivière-à-

l'Huile ou Anse-au-Castor, face à la mer ou presque. On plonge en apnée pour découvrir algues, étoiles de mer, poissons colorés et gros homards bleus… L'excursion la plus courue est celle du canyon de la Vauréal. Neuf kilomètres mènent à la célèbre chute du même nom. Impressionnante vue d'en bas et encore plus à la nage – pour ceux qui supportent les eaux froides ! Reste les tréfonds de la terre : ceux qui n'ont pas peur du noir déambuleront dans les galeries longues de plus de 600 m de la grotte à la Patate. La zone est très appréciée des pygargues, qui chaque année nichent ici par dizaines.

Repères Forfaits d'une semaine tout inclus (avion, hébergement en auberge, chalet ou camping, activités, véhicule) : de 600 $ à 1300 $, selon le nombre de personnes, avec ou sans repas compris.
Sépaq Anticosti : 1 800 463-0863, 418 535-0156 ou www.sepaq.com
Premier et dernier ravitaillements alimentaires sur l'île : la coop Marché Richelieu de Port-Menier.

Comment s'y rendre

Accès par bateau ou avion depuis Havre-Saint-Pierre, Montréal, Québec ou Mont-Joli (information auprès de la Sépaq).

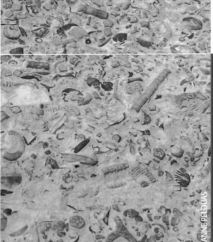

ANNE PÉLOUAS

L'île aux histoires

Découverte par Jacques Cartier, l'île
d'Anticosti fut surnommée le «cimetière
du golfe». Le plateau littoral qui l'entoure
causa de très nombreux naufrages. L'île
fut en quelque sorte redécouverte en
1895, cette fois par Henri Menier, le roi
du chocolat français, qui l'acheta pour en
faire son club privé de chasse et de
pêche et qui y régna en seigneur quasi
féodal. À cette époque, il y fit transporter un contingent de
cerfs de Virginie qui se multiplièrent à grande vitesse.
Vendue à une compagnie forestière en 1928, l'île fut
rachetée en 1974 par le gouvernement du Québec.
Le centre et la partie à l'extrême est (secteur Pointe-de-l'Est)
devint alors réserve faunique. En 2001, Québec créa au
cœur de la réserve un parc national occupant 572 km².

Fossilement vôtre

Anticosti est couverte d'un kilomètre d'épaisseur de calcaire
reposant sur le bouclier canadien. En l'espace de quatre
glaciations et dix millions d'années, la roche s'est superpo-
sée en strates sédimentaires. Ces sédiments regorgent, là, de
fossiles de coraux en nid d'abeille – preuve de l'existence
passée d'une mer tropicale –, ailleurs, de fossiles de milliers
d'organismes marins vieux de 440 millions d'années.
Prendre une roche dans sa main et l'observer, c'est comme
partir en voyage dans le temps…

OBSERVATION DES BALEINES | Observation des oiseaux | Randonnée pédestre

Parc national du Saguenay
Crèche à bélugas

LA CÔTE-NORD, DANS SA PARTIE MANICOUAGAN, s'étend sur la rive nord du fjord du Saguenay jusqu'à la baie Sainte-Marguerite. Comme les bélugas sont très nord-côtiers, pas étonnant qu'ils visitent régulièrement le fjord ; certains ont fait de la baie elle-même leur site de prédilection, y séjournant parfois plusieurs heures en s'activant beaucoup, à la surface de l'eau, pour notre plus grand plaisir.

Habitué à fréquenter les eaux arctiques, ce cétacé tout blanc et tout mignon semble adorer les eaux froides du fjord et il y trouve en abondance les petits poissons dont il aime aussi nourrir sa progéniture. La baie Sainte-Marguerite a, en effet, la particularité d'être un repaire de femelles et de jeunes bélugas et, comme l'espèce est toujours menacée, on protège sérieusement le site. Les bateaux et kayaks de mer, nombreux à longer les rives du fjord, sont interdits d'entrée dans cette baie et doivent naviguer plus au large pour éviter de déranger les mammifères marins.

Le mieux est de se rendre à pied ou en auto jusqu'au poste d'accueil du parc du Saguenay, au fond de la baie. La visite débute au Centre d'interprétation et de services par une exposition interactive entièrement consacrée au béluga, à son habitat et à son rapport à l'humain à travers l'histoire. Une courte randonnée pédestre mène ensuite au cap Sainte-Marguerite, où un superbe poste d'observation a été aménagé. Tout l'été, on y installe un télescope et… un garde-parc, prêt à partager avec vous ses connaissances sur les bélugas.

Repères Le parc national du Saguenay, secteur Baie-Sainte-Marguerite, est ouvert de la mi-mai à la mi-septembre. Entrée du parc entre Sacré-Cœur et Sainte-Rose-du-Nord.
Info : 1 800 665-6527 ou www.sepaq.com
La Maison des dunes : 750, chemin du Moulin-à-Baude
Info : 1 800 665-6527 ou www.sepaq.com.
L'Observatoire d'oiseaux de Tadoussac, Explos-Nature :
1 877 637 1877 ou www.explos-nature.qc.ca/oot

Comment s'y rendre

Prendre la route 138 Est à partir de Tadoussac, puis la route 172 Nord.

PARC NATIONAL DU SAGUENAY

Le paradis migratoire de Tadoussac

La fonte des glaciers nous a légué les « dunes » de Tadoussac qui surplombent la baie du Moulin-à-Baude. De fin août à fin octobre, c'est le rendez-vous incontournable des ornithologues. Quelque 8500 rapaces et 150 000 passereaux migrateurs ont survolé la région l'an passé. En route vers le sud, ils longent la côte nord du golfe sans le traverser et font halte sur les hauteurs du village.

L'Observatoire d'oiseaux de Tadoussac (OOT), administré par Explos-Nature, y a aussi installé ses pénates. L'automne, on fait des relevés visuels d'oiseaux migrateurs et on surveille aussi la migration des nyctales, des pics et des passereaux. L'OOT organise en septembre et octobre, avec la collaboration du parc national du Saguenay, l'activité de soirée « Laissez-vous envoûter par le charme des nyctales ». Après une séance de capture en plein air, on assiste au travail des chercheurs, qui examinent les chouettes, relèvent des données et les baguent avant de les remettre en liberté. De jour, la capture d'oiseaux migrateurs se fait dans le cadre de l'activité du parc « La forêt boréale, pouponnière d'oiseaux », grâce à laquelle on s'initie à l'identification des « rapaces en cavale ».

nos trouvailles

Sentier de la plage
De la Maison des dunes (coordonnées dans la section *Repères*), descendez vers la mer et virez à droite en longeant la côte. Un superbe parcours au ras de l'eau et au bas des dunes vous mènera jusqu'à la plage de Tadoussac.

Centre d'interprétation des mammifères marins
108, rue de la Cale-Sèche
Tadoussac
418 235-4701 ou www.gremm.org
Passage obligatoire pour plonger dans le monde des baleines, avec des vidéos époustouflantes et une collection unique de squelettes. Ouvert de mai à octobre.

Safari visuel à l'ours noir
Domaine de nos ancêtres
1895, route 172
Sacré-Cœur
418 236-4886 ou www.ours-noir.net
Une petite balade en forêt jusqu'à un site d'observation sécuritaire, avec un guide-conteur… pour apprivoiser ses peurs !

La Galouïne
261, rue des Pionniers
Tadoussac
418 235-4380 ou
www.lagalouine.com
Une table aux accents du terroir (chasse et pêche), quelques chambres rustiques à l'étage et, au demi-sous-sol, une charmante boutique faisant la part belle aux produits régionaux et à l'artisanat local.

Café Bohème
239, rue des Pionniers,
Tadoussac
418 235-1180
Une institution locale ! Pour prendre un repas léger et santé, pour siroter l'apéro sur la terrasse ou consulter ses courriers électroniques à l'étage.

OBSERVATION DES BALEINES

Observation des oiseaux

Portneuf-sur-Mer

Des grandes baleines au Grand Héron

CERTAINES SORTIES en plein air peuvent vite tourner à l'expérience fraternelle, comme avec Suzanne Pagé et Yvon Bélanger, tous deux propriétaires, avec Laurent Thibault, de l'entreprise Croisières du Grand Héron, récipiendaire des Grands Prix du tourisme 2006. Ils sont de ces producteurs en tourisme d'aventure qui carburent au contact humain et à la passion. Très peu pour eux les sorties express où un batelier vous distille toute sa science en 53 minutes chrono. Ici, on prend le temps et on connaît son sujet : les balcines du Saint-Laurent. Normal : Suzanne et Yvon travaillent en étroite collaboration avec Dany Zbinden, un biologiste suisse fou des baleines, qui a fondé le Mériscope, où des stagiaires aussi fanas que lui viennent d'un peu partout (surtout d'Europe et du Québec) passer quelques semaines pour s'immerger corps et âme dans le quotidien des grands cétacés du Saint-Laurent. Le Mériscope est installé dans un campement de tentes prospecteur et de cabanes en bois confortables juste au-dessus du fleuve.

Tandis que Dany fait progresser l'état des connaissances sur les baleines bleues (Portneuf-sur-Mer est l'aire d'alimentation de la baleine bleue, et on en a déjà vu environ 400 dans le secteur), Suzanne et Yvon les partagent avec les touristes qui ont la bonne idée de passer Tadoussac pour pousser jusqu'à Baie-Comeau.

Évidemment, les Croisières du Grand Héron sont en relation étroite avec le Groupe de recherche et d'éducation sur les mammifères marins à Tadoussac (GREMM) ainsi qu'avec la Station de recherches des îles Mingan. « Nous aimerions que Portneuf-sur-Mer devienne un village d'accueil pour les scientifiques spécialisés du monde, dit Suzanne Pagé. La municipalité nous soutient déjà beaucoup, notamment en participant à des programmes de parrainage. » Encore un bel exemple de développement régional durable et une excellente raison de poursuivre vers le nord après Tadoussac !

Repères Les Croisières du Grand Héron sont en activité du 1er juin à la fin septembre. On y propose des sorties de 2 h 30 ou de 5 h avec un guide interprète (parfois avec un biologiste), des forfaits scientifiques (incluant repas, conférences, etc.) et des sorties nocturnes pour voir la bioluminescence (sous conditions d'observation propices).
Info : 1 888 463-6006, 418 587-6006 ou www.baleinebleue.ca

Comment s'y rendre

Les Croisières du Grand Héron sont situées à Portneuf-sur-Mer, à 90 km de Tadoussac, entre Longue-Rive et Forestville. On y accède par la route 138.

NATHALIE SCHNEIDER

Le banc de Portneuf-sur-Mer

Voilà un banc de sable menacé d'extinction. D'année en année, il se rapproche dangereusement de la côte, ce qui pose un réel problème ; en effet, il protège le village des tempêtes et diminue considérablement les effets néfastes du barrage installé sur la rivière Portneuf. De plus, il abrite 53 espèces d'oiseaux – rapaces, bécasseaux, oiseaux marins ou canards. La cause de cette menace d'extinction ? Les changements climatiques. Au bout de cette langue sablonneuse, une petite île boisée se rétrécit d'autant. On y trouve aussi un marais salé, formé dans les basses terres, qui sert de zone d'alevinage et d'aire de repos aux oiseaux de passage. Le Comité de protection et de mise en valeur du banc de Portneuf veille au grain – et distribue un dépliant pour aider à l'observation des oiseaux. Toute promenade sur le banc doit tenir compte de l'heure de la marée. Pour y accéder : 170, rue Principale, Portneuf-sur-Mer.

Autre activité

Service de navette gratuit pour la mise à l'eau des embarcations sur la rivière Portneuf. Carte du parcours disponible. Info : 1 877 837-6565

nos trouvailles

Restaurant Le Central
362, rue Principale
Portneuf-sur-Mer
418 238-2442
Parfait pour un petit déjeuner sans façon avant une sortie sur le fleuve. Et pour entendre pêcheurs et habitants du village vous raconter des histoires de pêche.

Auberge de la Voûte
75, 1ʳᵉ Avenue
Forestville
418 587-6966 ou
www.aubergedelavoute.com
De très belles chambres douillettes avec vue sur le fleuve et une table où l'on apprête les fruits de mer à la perfection. On peut aussi y bruncher.

Collectif des créateurs associés de la Haute-Côte-Nord (CRÉA)
182, route 138
Forestville
418 587-4373 ou
www.route-crea.com
Ce rassemblement d'artistes locaux en arts visuels et en métiers d'art propose au public de passage de visiter galeries et ateliers. Beaucoup d'objets d'art du collectif sont composés de matériaux naturels prélevés sur place.

Domaine des invités
12, 4ᵉ Rue
Forestville
418 587-4814 ou
www.domainedesinvites.com
L'établissement appartient à Suzanne Pagé, aussi chaleureuse sur un bateau que dans sa magnifique maison accueillante. On s'y sent presque chez soi.

GASPÉSIE

Située du côté sud du fleuve Saint-Laurent, cette péninsule au relief tourmenté est dans la continuité du système appalachien. Baignée à la fois par les eaux de l'estuaire et par celles du golfe Saint-Laurent, elle se trouve littéralement burinée par une multitude de cours d'eaux limpides et poissonneux.

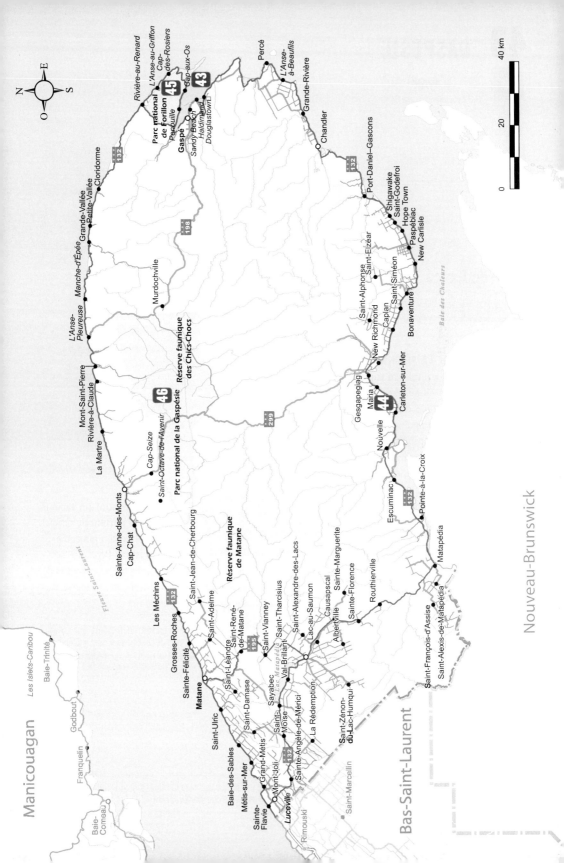

Baie de Gaspé
Nature et histoire

À L'EXTRÉMITÉ DE LA PÉNINSULE GASPÉSIENNE, la baie de Gaspé se révèle un superbe plan d'eau où aller pagayer ; tout autour, les merveilles de la nature sont assaisonnées d'histoire. Cette profonde échancrure marine, longue d'une trentaine de kilomètres et d'une largeur pouvant atteindre près de 8 m, occupe un vaste synclinal (pli qui présente une concavité) où se déversent de renommées rivières à saumon, telles la York, la Saint-Jean et la Darmouth. Les points d'intérêt sont multiples. Il y a bien sûr le magnifique parc national du Canada Forillon et ses criques colorées, mais il ne faut pas négliger les vestiges de la Seconde Guerre mondiale (voir *Vestiges de guerre* ci-contre) ni les belles plages, comme celles de Haldimand, et de Sandy Beach, où une colonie de sternes a élu domicile, au bout d'une spectaculaire pointe sablonneuse. Comme les noms de ces lieux l'indiquent, il y a encore une forte présence anglophone dans ce coin de pays. À Haldimand, on se croirait en Nouvelle-Angleterre !

Pour ceux qui ont de l'expérience en kayak et qui aimeraient voguer quelques jours sur ces eaux relativement faciles (les marées sont un facteur négligeable), il est possible, en partant de Gaspé, de faire une halte d'une nuitée en camping au parc Forillon et de poursuivre jusqu'à Percé. Ce périple aquatique est l'un des plus beaux parcours de kayak du Québec. Vous nous en donnerez des nouvelles !

Repères Il y a plusieurs endroits où mettre à l'eau : Gaspé, Haldimand, Cap-aux-Os, parc de Forillon. Excursion guidée de un à trois jours et location de kayaks à Cap-aux-Os : Cap Aventure, 1 877 792-5055, 418 892-5055 ou www.capaventure.net, et Aube Aventure, 418 892-0003 ou www.aubeaventure.com

Comment s'y rendre

En auto, prendre la 132 jusqu'à Gaspé. Autre possibilité, plus verte : prendre le train qui justement termine sa route à la marina de Gaspé (supplément de 50 $ pour mettre le kayak dans le train). Info : 1 888 842-7733 ou www.viarail.com

GAÉTAN FONTAINE

La Route bleue gaspésienne

La Route bleue de la Gaspésie, le tronçon reliant Les Méchins à Pointe-à-la-Croix fait le tour de la péninsule. En tout, 150 sites éparpillés sur les 700 km du sentier sont disponibles pour les navigateurs de petites embarcations, notamment les kayakistes : campings, aires de repos, sorties d'urgence, mises à l'eau, marinas, services d'hébergement et d'alimentation, abris sécuritaires, etc.

La Route bleue est un sentier maritime cartographié, mais pas balisé. Avec la Route bleue du sud de l'estuaire (Berthier-sur-Mer/Les Méchins), cette étape complète plus de 1000 km de berges fluviales aménagées pour la pratique du kayak de mer.

Info : www.sentiermaritime.ca.

Vestiges de guerre

Lors de la Seconde Guerre mondiale, Gaspé s'est transformé en place forte. La nuit venue, on fermait même l'éclairage. C'est que l'ennemi allemand rôdait dans les alentours à bord de sous-marins. Eh oui, la guerre avait lieu chez nous ! Qui s'en souvient ? Pour faire face aux belligérants, on érigea d'imposantes installations militaires.

À Penouille, on peut toujours visiter d'anciens bunkers où encore aujourd'hui des canons pointent vers la baie. À Sandy Beach, on peut s'attarder au célèbre Boom Defence, un monstre de béton qui hébergeait l'intrigant filet sous-marin.

nos trouvailles

Boulangerie Fine Fleur
3-A, côte Carter
Gaspé
418 368-6116
Produits de qualité fabriqués sur place, selon la plus pure tradition du métier. Grande variété de pains et de viennoiseries préparés tous les jours.

Les entreprises de la Ferme Chimo
1705, boulevard Douglas
Douglastown
418 368-4102 ou
fchimo@globetrotter.net
Ces passionnés fromagers ont su tirer avantage des effluves de la baie de Gaspé pour concocter le Chèvre de Gaspé, un fromage délicieux. Petits fruits de culture biologique et plusieurs produits régionaux aussi offerts. Visites guidées possibles de 9 h à 15 h.

Bistro-resto le Brise-Bise
135, rue de la Reine
Gaspé
418 368-1456 ou www.brisebise.ca
Ce bistro dispose d'une grouillante terrasse où l'on peut assister à des spectacles étonnants. Table d'hôte au gré des arrivages. Bières de microbrasserie. Décor chaleureux et personnel avenant. Ouvert toute l'année de 11 h aux petites heures du matin…

RANDONNÉE PÉDESTRE | Observation des oiseaux

Carleton
Petit train va loin

LA GASPÉSIE EST CHOYÉE EN BEAUX SENTIERS de randonnée. Et ça tombe bien, cet éden de la marche est accessible en train. À Carleton, dans la baie des Chaleurs, vous sortez de la gare et accédez presque directement à un étonnant (et encore méconnu) réseau de sentiers en montagne. La configuration de ce réseau vous offre le choix d'effectuer plusieurs boucles dont la durée peut varier d'une petite heure de marche en famille à plusieurs heures. Il est même possible de faire de la longue randonnée avec une nuitée en camping rustique le long du sentier.

La douzaine de sentiers, qui comportent tous les degrés de difficulté, totalisent 32 km. Les belles ascensions mènent aux sommets des massifs du mont Saint-Joseph (555 m) et du mont Carleton (613 m). Depuis ces hauteurs, le panorama est exceptionnel, avec au menu une vue sur la baie des Chaleurs et le Nouveau-Brunswick.
À découvrir!

Repères Tourisme Carleton : 418 364-3544 ou www.carletonsurmer.com/tourisme/attraits_sentiers.asp
Tourisme Percé : 418 782-5448 ou www.rocherperce.com
Parc national de l'Île-Bonaventure-et-du-Rocher-Percé :
1 800 665-6527 ou www.sepaq.com
Taxi à Percé : 418 782-2102

Comment s'y rendre

Par train avec Via Rail : 1 888 842-7245 ou www.viarail.com.

Percé

Vous pouvez vous rapprocher de Percé en train en débarquant à la gare de L'Anse-à-Beaufils. De là, il faut marcher 9 km pour rejoindre Percé (ou prendre un taxi à la gare). À Percé, deux endroits invitent à la marche. Tout d'abord, le réseau des monts Blanc et Sainte-Anne regroupe, sur 13 km, 10 beaux sentiers de degré intermédiaire qui vous feront découvrir, sous un autre angle, la magie des paysages de ce coin de pays aux allures de carte postale. Grâce à plusieurs belvédères aménagés, vous pourrez admirer le rocher Percé aux premières loges. À noter que les animaux en laisse sont admis. Ensuite, toujours à Percé, le parc national de l'Île-Bonaventure-et-du-Rocher-Percé compte, sur l'île Bonaventure, quatre sentiers faciles totalisant 15 km de randonnée plutôt « exotique » : les différents sentiers vous font passer de la chétive forêt d'épinettes aux spectaculaires falaises rouges ; vous voudrez vous attarder dans les anses aux eaux turquoise ; le clou de cette randonnée est évidemment la rencontre avec la célèbre colonie de fous de Bassan, qui, malgré les clichés, n'en demeure pas moins une expérience mémorable, tant auditive… qu'olfactive !

Bara… quoi ?

Les barachois, qui font partie du paysage gaspésien, sont formés par des lagunes littorales. Le terme « barachois » aurait pour origine l'expression « barre à choir ». Celui de Carleton, le plus vaste barachois lagunaire en Gaspésie, est reconnu officiellement comme refuge faunique par le ministère des Ressources naturelles et de la Faune. Il est également considéré comme un des plus beaux sanctuaires

d'oiseaux du Québec. Pas étonnant que les ornithologues s'y retrouvent en grand nombre. Profitez des tours d'observation aménagées pour admirer une grande variété d'oiseaux de rivage marin. Au rendez-vous : bernaches du Canada, grands hérons, cormorans, bihoreaux à couronne noire et maubèches branle-queue.

Plongée sous-marine

Parc national du Canada Forillon
Un ballet aquatique

LIEU CHÉRI DES ADEPTES DE LA NATURE, le parc national du Canada Forillon, à l'extrémité de la péninsule gaspésienne, représente un endroit de prédilection pour apprivoiser la mer et ses habitants. Phoques communs et cétacés, dont le rorqual bleu, la baleine à bosse et le dauphin à flancs blancs, séjournent dans cette mer côtière du golfe Saint-Laurent en compagnie d'oiseaux marins tels les Eiders à duvet, les Harles huppés, les garrots ou les spectaculaires Fous de Bassan.

Les fonds rocheux de Forillon ont une caractéristique surprenante, puisque la couleur dominante est le rose bonbon. Les gens s'imaginent, à tort, que les fonds marins sont verts, bruns ou gris. Même si les eaux sont froides, le décor sous-marin autour de la péninsule de Forillon présente des couleurs semblables à celles d'un récif de corail. « On doit la couleur à une algue rouge microscopique qui se fait une gaine, comme les polypes se font une gaine de calcaire pour former les coraux dans le sud. Ici, c'est une plante qui accomplit cette réaction chimique », explique Maxime Saint-Amour, ancien chef de l'interprétation du parc Forillon.

L'activité favorite de Maxime Saint-Amour ? Faire découvrir les phoques de Forillon aux néophytes. « Un ballet aquatique incroyable ! » s'exclame-t-il. Chaque jour, la nature apporte son lot de surprises, de comportements inattendus.

Le matin du jour de notre entretien, le biologiste avait emmené un groupe de plongeurs voir les phoques nager. Un phoque commun semblait se gratter le dos sur les fonds sablonneux. Il s'est approché de grandes laminaires et s'est entouré d'une de ces grandes algues brunes en faisant des vrilles. « Il tournait tellement vite que je ne voyais plus les taches sur son pelage. Je n'avais jamais vu ce genre de comportement. Chaque fois, quelque chose nous surprend. Il s'agit juste de rester aux aguets pour faire des découvertes », révèle-t-il.

Repères Aucune expérience n'est requise pour pouvoir nager avec les phoques, mais mieux vaut réserver les services d'une entreprise spécialisée pour s'assurer de le faire en toute sécurité. Danny LeBrun, un jeune entrepreneur consciencieux de Cap-des-Rosiers, offre ce service depuis quelques années. Plongée Forillon : 418 892-5888 ou www.plongeeforillon.com

Comment s'y rendre

Route 132 Est, jusqu'à l'extrémité de la péninsule gaspésienne. Par le versant nord de la Gaspésie, on rejoint le parc Forillon à L'Anse-au-Griffon ou à Cap-des-Rosiers. Par la baie des Chaleurs, l'accueil se fait à Cap-aux-Os.

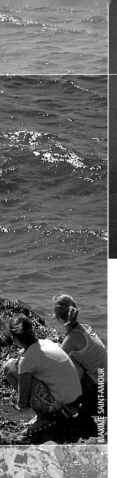

MAXIME SAINT-AMOUR

La chaleur de Penouille

La partie sud de la péninsule de Forillon profite de la bulle climatique de la baie de Gaspé. L'été, l'eau à Penouille peut monter jusqu'à 24 °C. Sur le versant sud du parc, on trouve des étoiles de mer boréales, à cinq bras ; le fond de l'eau en est tapissé. Sur le côté nord, c'est un peu plus froid, et c'est là que vivent les étoiles de mer polaires, à six bras. Même si on ne plonge pas en grande profondeur, on peut voir des crabes, des homards, des bernard-l'hermite, des oursins qui sont, à portée de main, dans un mètre d'eau. Alors, même si on ne nage pas, on peut simplement marcher dans l'eau, se mettre un masque, regarder et voir tout ce monde, juste là, sous ses pieds.

46 GASPÉSIE

RAQUETTE

Parc national de la Gaspésie
Petit mont bien entouré

UNE PETITE MONTAGNE REGARDE ses grands frères tout proches, du mont Albert (1154 m) à l'ouest au mont Ernest-Laforce (820 m) à l'est, en passant par le mont Blanche-Lamontagne (940 m) au sud. Du haut de ses 670 m, le mont Olivine, dans le parc national de la Gaspésie, est le site rêvé pour les admirer tous.

Paradis du télémark et du ski nordique, le parc compte aujourd'hui une bonne soixantaine de kilomètres de sentiers de raquettes, dont celui du mont Olivine, de niveau intermédiaire. Ses huit à dix kilomètres se parcourent en deux ou trois heures, selon le trajet choisi et l'état de la neige.

Du stationnement du ruisseau Isabelle, route 299 (8 km avant le Gîte du Mont-Albert), on tourne le dos aux monts McGerrigle pour filer sur un chemin forestier qui grimpe doucement dans une sapinière à bouleaux blancs. Au bout d'une demi-heure, on le délaisse pour un sentier plus étroit traversant une vieille forêt d'épinettes. Il fait bon marcher à l'abri du vent mais, arrivé au sommet – un plateau en pente –, on comprend pourquoi les arbres ressemblent à des bonsaïs !

Le vent souffle sur la crête, et le froid est mordant. Un bel arbre givré et solitaire domine le lac du Diable, en contrebas. Le vrai sommet (à 4 km du départ) est à l'extrémité nord de la crête, atteinte en moins d'une heure. Le panorama à 360 degrés est grandiose, avec les plus hautes montagnes du parc à portée de la vue.

Pour la suite, on peut rebrousser chemin ou prendre la route… du nord, pour découvrir l'autre versant du mont Olivine. La descente, un peu abrupte, serpente à flanc de montagne, avec perspective tantôt sur la rivière et les monts McGerrigle, tantôt sur le lac du Diable et l'imposant mont Albert. Parvenu dans la vallée, on rejoint le joli belvédère de la chute du Diable. La rivière Sainte-Anne borde le sentier pendant les derniers kilomètres. Sa chute à l'arrivée, non loin du Gîte du Mont-Albert, est à ne pas manquer.

Repères Parc national de la Gaspésie
1 866 727 2427 ou www.sepaq.com

Comment s'y rendre

Route 132 jusqu'à Sainte-Anne-des-Monts, puis route 299 sur 40 km.

Au pays des avalanches

Quand le printemps est là, les risques d'avalanche augmentent sur les pentes de certaines montagnes gaspésiennes. Les adeptes du télémark, du surf des neiges ou du ski alpin doivent se méfier de leurs terrains de jeu préférés, dans les hauteurs du parc national de la Gaspésie. Pour avoir une connaissance de base du phénomène des avalanches, savoir évaluer la stabilité de la neige et apprendre les techniques minimales de sauvetage, mieux vaut, avant de partir à l'aventure, suivre un cours de sécurité offert par le Centre d'avalanche de La Haute-Gaspésie.

Info : 418 763-7791 ou www.centreavalanche.qc.ca

Raquettes à gogo

Le parc national de la Gaspésie a aménagé ces dernières années un bon réseau de sentiers de raquettes pour tous les niveaux. Les plus courts et les plus faciles sont situés près du Gîte du Mont-Albert. Parmi les plus costauds, une boucle de 16 km dans la réserve faunique des Chic-Chocs, sur et autour du mont Blanche-Lamontagne, qui se fait en 6 heures environ, ainsi que la piste La Serpentine, en approche du mont Albert, dont les 12 km (aller-retour) se font en 5 heures.

Info : 1 800 665-6527 ou www.parcsquebec.com

nos trouvailles

Auberge la Seigneurie des Monts
21, 1ʳᵉ Avenue Est
Sainte-Anne-des-Monts
418 763-5308, 1 800 903-0206 ou
www.seigneuriesdesmonts.com
Une belle auberge ancestrale rénovée avec soin.

Relais Chic-Chocs
Saint-Octave-de-l'Avenir
1 800 530-2349 ou
www.relaischic-chocs.com
Pour ses chalets plus que pour l'auberge, au pied du massif qu'on aime tant gravir en ski.

Bistro-bar Valmont Plein Air
10, route 132 Est
Cap-Chat
418 786-1355 ou
www.valmontpleinair.com
Bonne cuisine aux accents végétariens ; base de location de kayaks ; ouvert seulement l'été.

Bistro du Piedmont
Parc national de la Gaspésie
1 418 763-7494 ou
www.parcsquebec.com
Ouvert seulement l'été, au pied du mont Albert. Cafétéria à midi ; terrasse hors-pair.

Refuges du Mont-Albert
1 800 665-6527, 418 763-7494 ou
www.parcsquebec.com
On dort au refuge et on se délecte de la bonne table du Gîte du Mont-Albert.

ÎLES DE LA MADELEINE

L'archipel du golfe du Saint-Laurent, magnifique en été, l'est tout autant en hiver et au printemps. Question de lumière, de ciel bleu, d'air pur... et aussi de plaisir à pratiquer des activités vraiment dépaysantes.

MICHEL BONATO

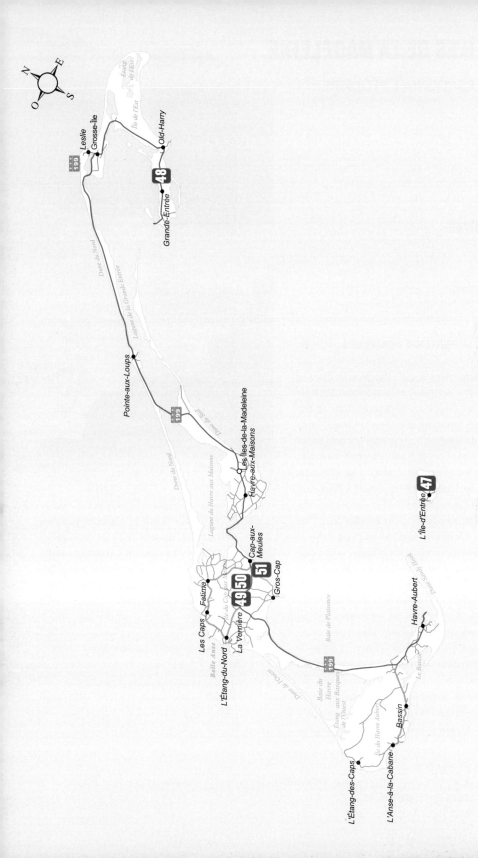

47 ÎLES DE LA MADELEINE

RANDONNÉE PÉDESTRE Observation des oiseaux

Île d'Entrée

Nous irons jouer dans l'île

MAI, JUIN : LE PRINTEMPS DÉBARQUE aux îles de la Madeleine. Le renouveau de la nature se mesure partout, même dans le ciel. Papillons et oiseaux migrateurs sont de retour, au grand plaisir des lépidoptérophiles et des ornithologues. L'air se fait doux, les prés verdissent et les fleurs sauvages commencent leur floraison. Les cyclistes ont quasiment les îles à eux seuls, côté routes ou chemins forestiers, et les marcheurs sont gâtés. L'île d'Entrée, coupée de l'archipel, mérite vraiment le voyage en bateau qu'il faut faire pour aller l'arpenter. Elle est le hameau anglophone par excellence… Une Irlande en miniature, une merveille de collines pelées, verdoyantes, avec toujours la mer pour horizon. En une heure tranquille, on peut atteindre le faîte de Big Hill. Le parcours débute sur la route de gravier qui mène du port au village. Le sentier vire à travers champs. Première rencontre avec un groupe de magnifiques chevaux « sauvages » et un troupeau de vaches. La piste serpente à flanc de coteau, découvrant une superbe vue sur le phare et deux caps.

Au sommet, le panorama est imprenable en direction des autres îles et de la fameuse pointe du Bout-du-Banc, une langue de sable incroyable. Au nord, ce sont les falaises qui dominent et le rocher dit du « Petit Percé ». Dans la descente, place au hasard, à travers les champs de fleurs sauvages, si le temps ne vous est pas compté ! Admirez au passage ces drôles de paravents entourant les jardins cultivés, fabriqués avec les moyens du bord… souvent de vieux casiers à homards !

Repères Traversier pour l'île d'Entrée
Port de Cap-aux-Meules, départs à 8 h et à 15 h
Info : 418 986-8452 ou www.ilesdelamadeleine.com/
bonaventure
Tourisme Îles de la Madeleine : 418 986-2245,
1 877 624-4437 ou www.tourismeilesdelamadeleine.com

Comment s'y rendre

Par avion avec Pascan Aviation (450 443-0500 ou 1 888 313-8777), ou Air Canada Jazz (1 888 247-2262 ou www.aircanada.com) ;
par bateau (1 888 986-3278 ou www.ctma.ca).

MICHEL BONATO

Ornithologique-ment vôtre

L'archipel n'est pas seulement un petit coin de paradis pour gens de plein air. Il regorge aussi d'oiseaux. Plus de 300 espèces y ont été répertoriées. Le mois de juin est idéal pour observer les espèces qui nichent, et septembre voit passer une belle faune ailée en migration.

Forfaits en tout genre

Au printemps (fin mai-fin juin), les amateurs de homard ont rendez-vous au Club Vacances Les Îles. Le forfait de quatre jours «Complètement homard» permet de déguster la bête plusieurs fois, en plus de rencontrer des pêcheurs, de visiter Grande-Entrée et de faire plusieurs randonnées-nature. Le Centre nautique L'Istorlet propose, quant à lui, un forfait ornitho de dix jours en juin-juillet avec plusieurs excursions d'observation, dont celles du Rocher-aux-oiseaux et de l'île Brion. Le groupe CTMA fait aussi la part belle aux îles de la Madeleine dans sa croisière d'une semaine sur le fleuve, avec trois jours aux Îles pour faire du vélo (départ de Montréal les vendredis, de juin à octobre). La maison d'Éva-Anne, à Havre-aux-Maisons, a pour sa part un beau forfait «Roulez au rythme des vagues», proposé de juin à septembre.

nos trouvailles

Le Fumoir d'antan
27, chemin du Quai
Pointe-Basse, Havre-aux-Maisons
418 969-4907 ou
www.fumoirdantan.com
Pour les friands de hareng fumé.
Ouvre le 1er avril.

Maison d'Éva-Anne
326, chemin de la Pointe-Basse
Havre-aux-Maisons
418 969-4053 ou
www.grandlarge.ca
Gîte et café-bistro dans une superbe maison victorienne aux proprios ultra-gentils. Cyclistes bienvenus

Microbrasserie À l'abri de la Tempête
286, chemin Coulombe
L'Étang-du-Nord
418 986-5005 ou
info@alabridelatempete.com
Cette maison malte ses céréales de façon artisanale et brasse sa bière racée à partir d'orge bien battue par l'air salin. Ouvre le 1er juin.

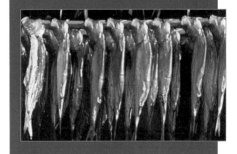

Club Vacances Les Îles
377, route 199, Grande-Entrée
Info : 418 985-2833, 1 888 537-4537 ou
www.clubiles.qc.ca
Centre nautique L'Istorlet
Havre-Aubert
Info : 418 937-5266, 1 888 937-8166 ou
www.istorlet.com
CTMA : 418 986-3278 ou 1 888 986-3278 ou
ctma.com

Les joies de la banquise

AU LARGE DES ÎLES DE LA MADELEINE, un drôle de tourisme bat son plein début mars. Les phoques sont en visite ! La mouvée de centaines de milliers de phoques du Groenland et de phoques à capuchon descend du nord en même temps que la banquise qui dérive dans le golfe du Saint-Laurent. Et les femelles viennent mettre bas, année après année, dans les parages de l'archipel. Les blanchons attirent les touristes du monde entier durant cette courte période. Cette activité d'observation peut sembler peu sportive, mais elle a tout de même lieu en plein air. Et quel plein air que celui du golfe !

L'excursion débute par un petit tour d'hélicoptère, le temps de se délecter du spectacle : survoler les îles, dépasser la « petite glace » des abords de l'archipel qui se transforme bien vite en un voile laiteux oscillant avec la houle… Plus loin, la vraie banquise, aux allures violemment torturées par les crêtes de pression, étincelle au soleil. L'hélico se pose dans ce paysage hors du commun. On s'y sent vraiment au milieu de nulle part. Bien emmitou-

flé dans une combinaison isothermique, on est propulsé pour quelques heures dans le merveilleux monde des bébés phoques et de leurs mamans. Absolument irrésistible !

Repères Tourisme Îles de la Madeleine : 418 986-2245, 1 877 624-4437 ou www.tourismeilesdelamadeleine.com

Comment s'y rendre

Par avion avec Pascan Aviation (450 443-0500 ou 1 888 313-8777) ou Air Canada Jazz (1 888 247-2262 ou www.aircanada.com) ; par bateau (1 888 986-3278 ou www.ctma.ca).

MICHEL BONATO

Pouponnière sur glace

Pour le photographe animalier qui sommeille en chacun de nous, le blanchon, petit du phoque, est le modèle idéal. La boule de poils blancs aux beaux yeux larmoyants est gonflée à bloc par douze jours d'allaitement intensif. Abandonné ensuite par sa mère, le guenillou perdra très vite son poids et sa belle fourrure… pour se jeter à l'eau et apprendre à manger tout seul. Dur apprentissage de la vie !

Croisière en eau froide

On peut toujours atteindre les Îles en hiver par la voie des eaux plutôt que par celle des airs, même si les possibilités varient d'une année à l'autre. La croisière hivernale organisée par la CTMA au départ de Matane ne l'est pas chaque année mais, en tout en état de cause, il y a toujours un bateau faisant la liaison Matane-Les Îles. Une belle façon d'y aller profiter des joies de l'hiver. Observation des blanchons, traîneau à chiens, raquette, kayak de glace et ski cerf-volant sont au menu.

CERF-VOLANT Raquette | Vélo de montagne

Le roi du vent

CE GARS-LÀ n'a pas froid aux yeux. Il a une énergie à tout casser, un sourire dément et un enthousiasme communicatif! Aux îles de la Madeleine, Éric Marchand, le champion du monde 2001 en voile sur neige, est le roi du vent, même s'il n'en vend pas… En fait, le joyeux luron dirige Aérosport Carrefour d'aventures, une boutique de plein air spécialisée dans le cerf-volant de puissance et tout ce qui peut se tracter à l'aide d'une voile, laquelle a toutes les allures d'une voile de parapente.

L'hiver, les lagunes peu profondes des îles sont de véritables patinoires qui – avec les longues plages de l'archipel – deviennent son terrain de jeu favori. Le ski cerf-volant et sa version roulante buggy/cerf-volant (style char à voile) n'ont pas de secrets pour lui, et il aime à les partager. Entre ses mains, le cerf-volant quitte les sphères du jeu d'enfant pour devenir un vrai sport, dont il faut apprendre la technique. Le vent ne manque pas, et l'exercice peut être passablement ardu. L'initiation de base (trois heures) comprend le contrôle du cerf-volant (à pied) et une randonnée en tandem. Une fois cette étape réussie, on peut s'essayer au maniement du cerf-volant en buggy. Comme les lagunes sans grande eau gèlent vite, la pratique de l'activité s'étend de janvier à mars.

Repères Aérosport Carrefour d'aventures
1390, chemin de La Vernière, L'Étang-du-Nord
Info : 418 986-6677, 1 866 986-6677 ou www.aerosport.ca
Tourisme Îles de la Madeleine : 418 986-2245,
1 877 624-4437 ou www.tourismeilesdelamadeleine.com

Comment s'y rendre

Par avion avec Pascan Aviation (450 443-0500 ou 1 888 313-8777) ou Air Canada Jazz (1 888 247-2262 ou www.aircanada.com) ; par bateau (1 888 986-3278 ou www.ctma.ca).

ATR DES ÎLES

Raquette-ski-yourte

L'organisme Vert et Mer, qui pratique le Sans trace avec application, offre de beaux forfaits d'hiver (comme d'été) pour découvrir les îles en raquettes ou en ski de fond, ou seulement pour dormir dans son confortable écolodge de yourtes chauffées avec poêle à bois, un campement niché sur la jolie butte du Vent.
169, chemin Principal, Cap-aux-Meules ; 418 986-3555, 1 866 986-3555 ou www.vertetmer.com

Des lagunes richissimes

Les lagunes couvrent un cinquième de la superficie totale de l'archipel des îles de la Madeleine. L'été, c'est le paradis de la planche à voile ; l'hiver, celui du cerf-volant de traction et du vélo de montagne (à crampons). Les grands plans d'eau sont peu profonds, encadrés par les dunes et la terre des îles, avec souvent une toute petite ouverture sur la mer, la plupart du temps un chenal ou un goulet. Biologiquement parlant, la lagune est un milieu particulièrement riche, qui abrite de nombreuses espèces de poissons, de crustacés, de plantes, d'algues, etc. Elles sont aussi l'habitat de croissance de plusieurs espèces, dont le homard, avant leur départ en mer. L'hiver, c'est là que se pratique la pêche blanche.

KAYAK

Quand la mer est de glace

LA FOLIE DU KAYAK SE POURSUIT au Québec… même en hiver ! Aux îles de la Madeleine, il y a déjà quelques années que l'on pratique le « kayak de glace » pour aller admirer les belles falaises rouges. Allez-y par une journée ensoleillée même s'il fait froid. On est bien un peu engoncé dans la combinaison isothermique revêtue au cas où une plongée impromptue en eau froide se produirait, mais le jeu en vaut la chandelle. Mettre le kayak à l'eau procure déjà quelques sensations fortes : on n'est plus sur la terre ferme mais sur la glace !

Une fois bien installé, justement à hauteur des glaces de rivage, on est prêt pour l'aventure : une balade le long des côtes de l'archipel, au pied des falaises, dans quelque veine d'eau ouverte entre des icebergs miniatures. La banquise à portée de main !

L'œil est d'abord attiré par les falaises sculptées, bien différentes de ce qu'elles donnent à voir en été. Les voilà en effet enveloppées d'une pellicule de gel translucide qui procure au rouge de la pierre un éclat très particulier. Une saignée conduit à une grotte avec stalactites de glace, une autre à un tunnel bouché par la glace ; là, une chute glacée a tout l'air d'un orgue avec ses tuyaux.

Sans jamais trop s'éloigner du rivage, on se fraie un passage dans le glaciel, quand on ne joue pas carrément les brise-glaces, au risque de hisser le kayak sur une plaque mouvante qui ne se décide pas à craquer ! Un coup de reins, et on file de nouveau à l'eau… à la découverte de ce labyrinthe magique, entre terre et mer.

Repères Les meilleurs sites pour le kayak de glace dépendent du vent qui souffle sur l'archipel. Comme en été, on se déplace d'est en ouest pour se mettre à l'abri… Du côté est, les falaises près de Dune-du-Sud, au pied des buttes Pelées, sont vraiment belles. À Cap-aux-Meules, on a le choix entre les falaises de Gros-Cap, au sud-est, ou celles de Belle-Anse, plein ouest. À voir au coucher du soleil ! À Havre-Aubert, direction Bassin et L'Anse-à-la-Cabane.
Sorties guidées Aérosport Carrefour d'aventures
418 986-6677, 1 866 986-6677 ou www.aerosport.ca
Tourisme Îles de la Madeleine : 418 986-2245,
1 877 624-4437 ou www.tourismeilesdelamadeleine.com

Comment s'y rendre

Par avion avec Pascan Aviation (450 443-0500 ou 1 888 313-8777) ou Air Canada Jazz (1 888 247-2262 ou www.aircanada.com) ;
par bateau (1 888 986-3278 ou www.ctma.ca).

MICHEL BONATO

Le sel des îles

Les îles de la Madeleine ne reposent pas
sur un lit de sable ou de roches mais sur
du sel! Il y a 320 millions d'années, et pendant longtemps,
une forte évaporation de l'eau de mer a entraîné des
accumulations de cette substance. Des couches de roches et
de lave se sont déposées sur le sel, et la pression exercée a
haussé les températures, rendant celui-ci moins dense. Du
coup, il est remonté lentement à la surface, comme un bou-
chon dans l'eau, exerçant à son tour une telle pression sur
les roches qu'il a bizarrement plissées. Le phénomène a créé
des dômes de sel sur lesquels s'appuie tout le relief actuel
des îles, avec ses buttes, ses dunes, ses plages et ses lagunes
immenses.

La mi-carême

Aux Îles, c'est à Fatima, sur l'île du Cap aux Meules, qu'on
fait la fête au beau milieu du carême, début mars! Trois
jours et trois nuits de festivités hautes en couleur, avec
musique et costumes en tous genres. Les Madelinots vont
de maison en maison, avec des déguisements plus originaux
les uns que les autres. Objectif : ne pas se faire reconnaître.
Info : 418 986-2245

RAQUETTE · Ski de fond

Au pied des collines et des falaises

BUTTE DU VENT, DEMOISELLES, montagne de Bassin… Chacune des collines de l'archipel peut être votre objectif du jour en raquettes. Pour la butte du Vent, l'accès se fait surtout par le chemin de l'Église, à L'Étang-du-Nord, sur l'île du Cap aux Meules. À Havre-Aubert, les Demoiselles se grimpent allègrement et offrent un joli panorama sur la baie de Plaisance, vers l'ouest, et sur la pointe de La Grave, à l'est. Sur la même île, à Bassin, la montagne occupe les trois quarts du terrain. On accède aux hauteurs par des chemins forestiers. Le plus haut point se trouve sur la butte à Isaac, en bordure du chemin de la Montagne, avec vue, notamment, sur la grande baie du Havre aux Basques. Souvent, on n'a même pas besoin des raquettes, car le vent a vite fait de chasser la neige. La glace peut même l'avoir remplacée, sur les hauteurs. Le crampon léger peut alors être utile.

On pratique aussi la raquette, comme le ski hors-piste, sur les pistes non balisées de l'immense Réserve nationale de faune de Pointe-de-l'Est, sur l'île de la Grande Entrée. Le tout est quasiment plat, avec la mer pour horizon, les dunes à perte de vue… Une belle balade en perspective dans un champ de foin de dune vaguement enneigé ! Pour les plus sportifs, la marche en bord de mer, au pied des falaises, est tout indiquée. Cette zone d'enchevêtrements de débris de glace qu'on appelle « débarris » ou « bouscueils » ressemble presque à un parcours du combattant, mais avec une vue imprenable sur les falaises givrées. Et quand le soleil se met de la partie, il donne à l'ensemble un éclat que vous ne verrez nulle part ailleurs.

Repères Le Pédalier
800, chemin Principal, Cap-aux-Meules
Cette boutique vend et loue de l'équipement de plein air, même en hiver. Une bonne adresse pour le ski de fond et la raquette, tout comme pour la bicyclette en été.
Info : 418 986-2965 ou www.lepedalier.com

Comment s'y rendre

Par avion avec Pascan Aviation (450 443-0500 ou 1 888 313-8777) ou Air Canada Jazz (1 888 247-2262 ou www.aircanada.com) ; par bateau (1 888 986-3278 ou www.ctma.ca).

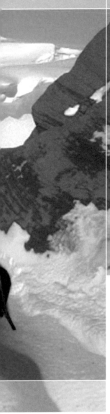

CLUB VACANCES LES ÎLES

Skier à fond

Les pistes cyclables de Cap-aux-Meules
sont ouvertes à la pratique du ski de
fond en hiver. Rien de bien sorcier,
évidemment, compte tenu du terrain
quasiment plat, mais on a vue sur la mer
en permanence ou presque. La piste de
Belle-Anse, à l'ouest de l'île, domine
littéralement la falaise. En après-midi,
la lumière rasante y crée un décor ultraphotogénique, entre
la couleur terre de Sienne des petites plantes gelées, le
mordoré du couvre-sol, le vert-de-gris du foin de dune et le
rouge flamboyant des falaises. Tout près du port, la piste
cyclable qui file vers Gros-Cap offre aussi un beau trajet en
bordure de mer. Pour un parcours plus boisé, direction le
Parc des Buck ! Les cartes des sentiers de ski de fond sont
disponibles à l'association touristique.

Tous les petits chemins forestiers sont également propices au
ski de fond, à condition qu'on n'ait pas besoin de traces bien
faites. Autour de la butte du Vent, à Cap-aux-Meules, ou
entre Bassin et L'Étang-des-Caps, sur la « montagne » de l'île
du Havre Aubert, les choix sont immenses.

Attention FragÎles

Coup de chapeau à cette association à but non lucratif qui
s'est donné pour mission, depuis vingt ans, de protéger et de
mettre en valeur le patrimoine naturel de l'archipel
Info : 418 986-6644 ou www.attentionfragiles.org

LANAUDIÈRE

Surnommée le «Québec en miniature», cette région s'étend sur un vaste corridor nord-sud d'environ 250 km qui s'élargit sur 85 km. Du sud au nord, on passe de territoires peuplés à de grands espaces naturels à peine habités et traversés par la chaîne laurentienne.

MARYLINE LAFRENIÈRE

124

Montagne Noire

L'automne en altitude

LE SENTIER DE LA MONTAGNE NOIRE forme une section de la piste Intercentre qui permet de relier le lac Archambault au lac Supérieur sur une trentaine de kilomètres, à cheval sur les régions de Lanaudière et des Laurentides. Il est quasi mythique pour les amateurs de ski de longue randonnée, mais le fouler de ses pieds en automne n'en est pas moins plaisant, surtout si on ne dispose que de peu de temps. Un petit aller-retour assez facile, du côté de Saint-Donat, pourrait faire l'affaire.

La grimpette transporte tout de même à 875 m d'altitude, sur le sommet le plus élevé de la région après le mont Tremblant. Il faut trois petites heures à peine pour l'atteindre sans se presser. Le décor, gorgé de couleurs automnales, s'y prête à merveille. La forêt mixte qu'on traverse dans la première moitié du trajet est magnifiquement dorée et rougeoyante si le soleil se met de la partie. À 1,8 km du départ, une échappée offre une vue plongeante sur le grand lac Archambault, puis une autre à 3 km sur le lac Lézard. À l'arrivée sur les hauteurs, un plateau quasiment dénudé permet de se détendre et de se restaurer en s'enchantant du paysage, et sans se piler sur les pieds !

En chemin, on prendra le temps de visiter le site d'écrasement d'un avion militaire qui fit 24 victimes en 1943. On mit deux ans à retrouver sa trace. On redescend par le même sentier, pour un total de 12,8 km aller-retour, en profitant encore de la lumière incomparable des ciels d'automne en milieu forestier.

Repères La carte est disponible au bureau touristique de Saint-Donat.
Info : 1 888 783-6628, 819 424-2833 ou www.saint-donat.ca

Comment s'y rendre

De Saint-Donat, route 329 direction sud sur 8 km. Au chemin Régimbald, suivre les indications du sentier Intercentre. Stationnement à 1,5 km.

À l'écart de la Route verte

On peut désormais quitter la piste du P'tit Train du Nord pour faire un détour du côté de Saint-Donat. Une jolie piste pour vélo de montagne (sentier L'Inter-Vals) relie en effet Sainte-Agathe-des-Monts à Saint-Donat, en transitant par la base de plein air L'Interval. Le circuit, de difficulté moyenne et long de 38,5 km, débute ou finit au parc des Pionniers de Saint-Donat et, entre les deux, se boucle en terrain vallonné avec seulement deux pentes passablement abruptes. La surface de roulement est en gravier du côté de Saint-Donat et en poussière de pierre vers Sainte-Agathe.

Info : 1 888 783-6628, 819 424-2833 ou www.saint-donat.ca

Rando, vélo

Le parc régional de la Forêt Ouareau vaut vraiment la peine d'être visité en automne, car son couvert forestier est très diversifié. Par l'entrée principale, celle du Massif (route 125 Nord), on accède à 54 km de sentiers pour la randonnée pédestre et le vélo de montagne, avec plusieurs relais-refuges. L'entrée Grande-Vallée, près de Chertsey, compte aussi 32 km de sentiers pédestres. Le camping sauvage y est autorisé. Par l'entrée du Pont-Suspendu, le court sentier des Murmures (6 km linéaires) n'en est pas moins attrayant, car il longe la jolie rivière Ouareau. On peut y faire du rafting ou du canot libre, et le camping y est rustique à souhait.

Info : 819 424-1865 ou www.matawinie.org

HÉBERTISME AÉRIEN | Canot | Via ferrata | Randonnée pédestre

Rawdon
Quatre saisons dans les airs

ON AIME LE CADRE (UNE BELLE FORÊT DE PINS), la grange rustique (qui sert de lieu d'accueil), la situation géographique (dans les collines de Lanaudière, juste un peu à l'écart de la petite ville de Rawdon, des chutes Dorwin en été ou des pistes de ski alpin en hiver)… On aime surtout l'originalité et le petit plus sportif de ses jeux aériens.

À Rawdon, chez Arbraska, la Forêt des aventures, il y en a bien sûr pour tous les goûts et tous les âges, du parcours Petit suisse, petit loup, réservé aux plus de cinq ans, à un parcours extrême que seuls les 18 ans et plus peuvent emprunter – les Makaks vous transportent à près de 30 m de haut ! Entre les deux, le Grand Pic vous ouvre la voie facile, histoire de vous dérouiller les articulations.

Une centaine de jeux en huit parcours permettent de jouer du muscle à satiété. On glisse dans un tuyau à coups de dorsaux et d'abdominaux avant de se payer une petite tyrolienne montante, qui ne glisse sur le câble qu'à la force des bras. Les amateurs de sensations fortes ne voudront pas manquer l'ultime corde de Tarzan et son filet récepteur.

L'été, un parcours de nuit à la lampe frontale est proposé aux grands de 16 ans et plus. Ouvert en hiver, ce parc est tout aussi irrésistible sous la neige et le soleil printanier. Ceux qui ne se lassent pas de cliquer et de recliquer leurs mousquetons de sécurité peuvent aussi prendre, sur place, la voie de la falaise après celle des arbres. Quatre parcours de via ferrata (escalade à l'aide de câbles d'acier) les attendent de roc ferme !

Repères Arbraska Rawdon
4131, rue Forest Hill, Rawdon
Tarif : de 20 à 30 $, selon l'âge. Tarif familial.
Réservations nécessaires.
Info : 1 877 886-5500, 450 834-5500 ou www.arbraska.com

Comment s'y rendre

De Montréal, autoroute 40 Est jusqu'à la 640 Ouest, puis route 25 Nord et 125 Nord jusqu'à Rawdon. Suivre ensuite la signalisation bleue pour Arbraska.

ANNE PÉLOUAS

Chutes Monte-à-Peine-et-des-Dalles

Voici l'un des plus beaux sites de courte randonnée pédestre et familiale dans Lanaudière. La rivière L'Assomption et trois séries de chutes impressionnantes plantent le décor, avec 17 km de sentiers au bord de l'eau et en forêt. On y pique-nique sur la rive, mais la baignade est interdite et fortement déconseillée car extrêmement dangereuse. Ouvert de mai à octobre (450 883-6060 ou www.parcdeschutes.com). Accès par Saint-Jean-de-Matha, Sainte-Béatrix ou Sainte-Mélanie.

Du canot à son meilleur

Laissez-vous glisser tout l'été, en canot ou en kayak récréatif, au nord de Saint-Côme, sur la partie sauvage de la rivière L'Assomption. Une sympathique entreprise – Au Canot Volant – propose à Saint-Côme des forfaits de descente de rivière de 5 à 15 km, avec navette et embarcation fournies. Jusqu'en juin, on peut aussi partir deux jours en canot-camping sur la rivière, à partir du lac de L'Assomption, dans le parc national du Mont-Tremblant, pour aboutir à Saint-Côme.
Info : 450 883-8886 ou www.canotvolant.ca

SKI DE FOND

Montagne Coupée

Pas de patin à l'honneur

LE CENTRE DE SKI DE FOND de la Montagne Coupée est l'un des premiers endroits au Québec où furent tracées des pistes pour le pas de patin. Depuis le milieu des années 1980, les adeptes du genre viennent en grand nombre glisser sur ces pistes roulantes comme si l'on y avait lancé des billes! À l'époque, la technique était toute nouvelle, et l'engouement pour ce style révolutionnaire n'a cessé, depuis, de croître (voir *Un brin d'histoire* ci-contre). Aujourd'hui, les adeptes des premiers jours viennent encore chaque hiver, en grand nombre, y faire leur tour de piste.

Le parcours débute dans la partie non boisée pour se poursuivre en forêt. Le terrain, varié, comprend notamment plusieurs bonnes bosses et… de belles descentes! Précisons que les pistes sont très bien tracées, avec un équipement à la fine pointe de la technologie, dont un «reconditionneur» à neige capable de venir à bout de la plus glacée des surfaces.

Si le pas de patin a ici la cote, plusieurs pistes ont aussi été tracées pour le pas classique. Dans un décor tout en rondeurs, de jolis panoramas surprennent les fondeurs au détour d'une courbe. Un agréable petit refuge a été aménagé à proximité de la rivière L'Assomption. Entouré de gros pins, il permet de s'offrir une pause confortable au soleil et à l'abri du vent.

Repères La Montagne Coupée
204, chemin de la Montagne-Coupée, Saint-Jean-de-Matha
Info : 1 800 363-8614, 450 886-3845 ou www.skimontagnecoupee.com

Comment s'y rendre

Prendre l'autoroute 40 jusqu'à la sortie 122, puis poursuivre sur la route 31 Nord qui devient la 131. Virer à gauche à Saint-Félix-de-Valois et continuer sur la route 131, avant de prendre de nouveau à gauche 5 km plus loin, sur le chemin de la Montagne-Coupée.

CENTRE DE LA MONTAGNE COUPÉE

Au pays des hommes forts

La municipalité de Saint-Jean-de-Matha est réputée pour ses hommes forts. Le plus illustre d'entre eux n'est nul autre que Louis Cyr (1863-1912), l'enfant prodige du village. À son époque, Louis Cyr était considéré comme l'homme le plus fort du monde. Ses performances athlétiques amenèrent ce gaillard, doté d'une force quasi irréelle, à se produire un peu partout sur la planète, où il émerveillait les foules. Il fut, à sa manière, l'un des premiers ambassadeurs du Québec à l'étranger. Louis Cyr était tellement identifié à son patelin que l'endroit était alors connu comme «le pays de Louis Cyr». Alors, lorsque vous manquerez de tonus en double poussée, ayez une petite pensée pour lui!

Un brin d'histoire

La technique du pas de patin aurait été inventée par l'ancien fondeur vermontois Bill Koch, premier médaillé olympique de son pays dans cette discipline – il a obtenu l'argent en 1976 à Innsbruck, en Autriche. Mais d'autres préten-dent que ce seraient plutôt des skieurs de l'ex-Allemagne de l'Est qui auraient mis en pratique la technique du pas de patin. Allez savoir…

Rivière L'Assomption

Une rivière à CARA

L'HIVER, CHAQUE MATIN, Francine Trépanier, la directrice générale de la Corporation de l'aménagement de la rivière L'Assomption (CARA), enfile ses patins et arpente les 9 km (aller-retour) de la patinoire qui occupe une partie de la rivière L'Assomption. Bordée d'un sentier de 4,5 km aménagé pour la randonnée pédestre, la patinoire naturelle (la plus longue du Québec) connaît un succès fou. « Durant le Festi-glace, c'est vraiment la fête des patineurs. Nous attirons de 50 000 à 60 000 personnes », se félicite Francine Trépanier. Le plaisir de zigzaguer entre Saint-Charles-Borromée, Joliette et Notre-Dame-des-Prairies est indéniable ; on a l'impression de pénétrer à l'intérieur des entrailles de la rivière.

La rivière L'Assomption doit son nom à Jacques Cartier, qui l'a baptisée ainsi parce que, au moment de sa visite, c'était justement le jour de l'assomption de la Vierge Marie. Assurément, le Malouin ne se cassait pas la tête quand il était temps de nommer un lieu. Les Algonquins, un peu plus originaux que notre célèbre marin, avaient plutôt choisi le nom d'Outaragasip qui signifie « la tortueuse ». Cette rivière au riche passé historique fut autant utilisée par les Autochtones que par les coureurs des bois et les voyageurs. Elle servait de route pour relier Ville-Marie aux Pays-d'en-Haut.

La rivière L'Assomption (187 km) prend sa source au milieu d'une forêt protégée par le parc national du Mont-Tremblant. Elle traverse ensuite des espaces de villégiature, envahit (!) des villes et villages, draine des terres agricoles et termine son cours dans le Saint-Laurent, à la hauteur de Repentigny.

Repères On trouve des espaces de stationnement aux accès Louis-Querbes, Champs-Élysées et Louis-Bazinet. Aisément accessible derrière la cathédrale de Joliette (100, rue Fabre), à côté du pavillon de la Rivière qui est ouvert tous les jours de 9 h à 19 h. Abri chauffé, services de restauration, location de casiers et affûtage de patins.

Comment s'y rendre

À partir de Montréal, autoroute 40 Est. Prendre la sortie 122 et filer sur la route 31 Nord en direction de Joliette.

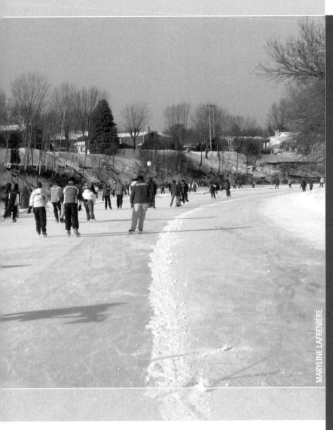

MARYLINE LAFRENIÈRE

Saint-Jean-de-Matha

À quelques lieues du centre de ski de la Montagne Coupée,
on peut se payer des glissades spectaculaires ; les Super
Glissades proposent 27 pistes. Sur le premier versant, c'est
le tube qui réjouira toute la famille, alors que sur le
second versant, les plus téméraires affronteront le Rafting,
le Cyclone et le Train Grande Vitesse.
www.glissadesmatha.com

LAURENTIDES

Les Québécois « montent dans l'Nord » depuis toujours. Ils ont des souvenirs de vacances et d'aventures partagés sur quatre saisons. Les Laurentides sont synonymes de grands espaces, de forêts, de lacs et de rivières (plus de 9000) où la nature s'exprime de façon généreuse et spectaculaire.

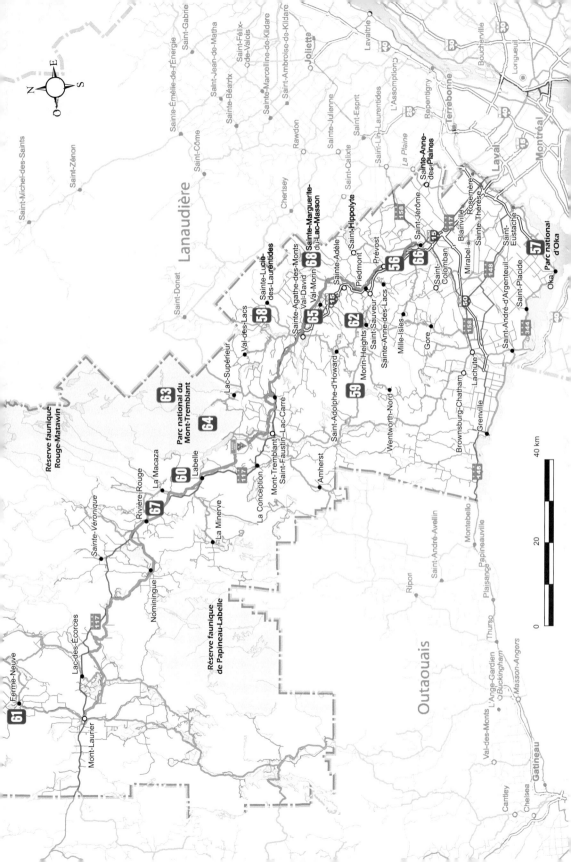

Parc linéaire
Le P'tit Train du Nord
Roulez, jeunesse !

SI VOUS N'AVEZ JAMAIS TENTÉ L'EXPÉRIENCE du voyage à vélo, voici une destination parfaite pour commencer : le parc linéaire du P'tit Train du Nord. Sur cette piste cyclable, pas de trafic routier, un de-gré de difficulté négligeable et de nombreuses infrastructures d'accueil. De plus, tout au long du parcours, auberges et campings ne manquent pas. Et que dire de la beauté et de la diversité des paysages traversés ? Un enchaînement de montagnes, de lacs, de rivières, de forêts et même de vastes étendues sablonneuses accompagnent les cyclotouristes le long de cette piste qui relie Saint-Jérôme à Mont-Laurier. En prime, la piste croise 14 gares historiques. On peut décider de rouler deux ou trois jours, ou encore de faire l'aller-retour en une se-maine. Et cette piste se prête bien à une escapade familiale : les bambins dans la remorque et les parents sur les vélos !

Différentes options s'offrent à vous pour voyager à vélo. Vous pouvez voyager en autonomie complète, en transportant tente, sac de couchage et effets personnels, ou encore voyager léger en optant pour des nuitées en auberge. Pour ceux qui préfèrent voyager de façon autonome, le mieux est d'installer un solide porte-bagages qui pourra recevoir tout l'attirail. Une sacoche au guidon est recommandée. N'utilisez pas de sac à dos ; c'est inconfortable et ça peut provoquer des blessures. Lorsque vous roulerez pour la première fois avec un vélo équipé pour le voyage, vous vous sentirez un peu mal à l'aise. Ne vous en faites pas, c'est une question d'adaptation. Vous retrouverez rapidement votre liberté de mouvements habituelle.

Pour ceux qui préfèrent rouler léger, et ils sont de plus en plus nombreux, un simple porte-bagages équipé d'une sacoche est suffisant. Le plus souvent, on traîne du superflu. S'il y a un conseil à retenir, c'est bien de ne pas surcharger le vélo. Vous préférez voyager sans bagages ? Pas de problème : des forfaits incluant le transport de vos bagages sont offerts (voir *Vélo à la carte* ci-contre).

Repères La piste s'étire sur 200 km avec une multitude de haltes.
Info : 514 990-5625, 1 800 561-6673 ou www.laurentides.com

Comment s'y rendre

Emprunter l'autoroute 15 jusqu'à la sortie 43, à Saint-Jérôme. Départ à la vieille gare. De Montréal, on peut prendre le train de banlieue pour Blainville (en dehors des heures d'affluence) qui mène à la piste du parc linéaire des Basses-Laurentides, laquelle rejoint directement celle du P'tit-Train-du-Nord à Saint-Jérôme. Horaire du train : 514 288-6287 ou www.stcum.qc.ca

GAÉTAN FONTAINE

Vélo à la carte

Deux pourvoyeurs, Autobus du P'tit Train du Nord (1 888 893-8356) et Domaine Marie-Max (1 888 686-1323, www.domainemarie-max.com), ont pris des arrangements avec des hôteliers tout le long de la piste. Ils peuvent vous concocter un voyage à la carte incluant les nuitées en auberge, les repas ainsi que le transport des bagages. Vous pouvez même louer un vélo auprès d'eux. Voilà une option intéressante pour ceux qui préfèrent prendre des vacances sans souci logistique.

Pisciculture de Saint-Faustin

Au kilomètre 70 du chemin de la Pisciculture, à Saint-Faustin, une ancienne pisciculture expérimentale (on y pratiquait l'élevage de l'omble de fontaine), datant de 1932, peut être visitée. Même si elle n'est plus en exploitation, plusieurs installations extérieures sont conservées, comme ces spectaculaires canaux de déviation qui prennent leurs sources dans les montagnes environnantes.

Parc national d'Oka

Accrochez-vous !

À L'AMATEUR DE PLEIN AIR, le parc national d'Oka offre une palette bien garnie d'activités, quelle que soit la saison. Et aux adeptes de vélo de montagne, il réserve de superbes sentiers. Le vélo de montagne est pratiqué dans le magnifique secteur du Calvaire. Le parcours emprunte le sentier du Sommet, une belle boucle dans la portion nord du parc qui plaît autant aux amateurs du dimanche qu'aux plus férus.

Le sentier, tout en *single tracks* (sentiers étroits et unidirectionnels), déroule son tapis vert et brun dans une belle forêt de feuillus. Le degré de difficulté n'est pas nécessairement très élevé, mais le parcours est truffé de quelques passages techniques. On est en vélo de montagne, tout de même ! Si vous en êtes à vos premières armes, n'hésitez pas à mettre pied à terre. Prenez le temps d'examiner le terrain (particulièrement les descentes) avant de vous aventurer. Ce genre de sentier est idéal pour s'initier à ce sport qui exige technique et bonne forme physique.

Dès le départ, une bonne montée attend les montagniers. Ne soyez pas surpris de devoir gravir ce raidillon à pied. Même parmi les meilleurs, plusieurs subissent cet affront ! Pour l'anecdote, l'auteur de ces lignes y a déjà brisé une pédale en s'entêtant à monter à tout prix… Passé cet obstacle, le parcours devient plus roulant, le tout agrémenté de petites bosses et d'agréables déclivités. La surface du sentier est une combinaison équilibrée de terre battue et de quelques passages pierreux.

Après un effort soutenu à travers le beau feuillage, vous voilà arrivé au sommet, à plus de 200 m d'altitude. Depuis ce perchoir, vous avez droit à un splendide panorama diversifié. La pente de la colline vient s'aplanir dans la plaine qui se bute au majestueux lac des Deux Montagnes. Vous pouvez profiter de l'endroit pour casser la croûte (il y a un abri et des tables de pique-nique) avant d'entreprendre l'excitante – et méritée ! – descente du retour. Bon vélo !

Repères Ouvert de mi-mai à mi-octobre, le sentier, très bien balisé, s'étire sur 7,5 km. Location sur place de vélos avec suspension. Frais d'entrée : 3,50 $.
Info : 450 479-8365 ou www.parcsquebec.com

Comment s'y rendre

À partir de Montréal, prendre l'autoroute 640 Ouest en direction d'Oka. Virer à droite à l'intersection de la 344 Ouest et poursuivre jusqu'au stationnement de l'Orée, à l'entrée du parc.

GAÉTAN FONTAINE

nos trouvailles

Le Calvaire
Parc national d'Oka
450 479-8365
Cette œuvre monumentale, construite entre 1740 et 1742 par le sulpicien Hamon Guen, est classée historique depuis 1982. Jusqu'en 1872, le pèlerinage au Calvaire était réservé surtout aux Amérindiens de la mission du Lac-des-Deux-Montagnes.

Abbaye Sainte-Marie-des-Deux-Montagnes
2803, chemin d'Oka
Sainte-Marthe-sur-le-Lac
450 473-7278
Cette hôtellerie monastique offre aux femmes seules la possibilité de se ressourcer sur fond de chants grégoriens. Les chambres sont accueillantes et lumineuses, et les repas sont soigneusement préparés.

La plage d'Oka
Parc national d'Oka
Longue d'environ 5 km, cette plage sablonneuse naturelle (la plus grande de l'agglomération de Montréal) est le rendez-vous des aficionados de la baignade!

Nid'Otruche
825, chemin Fresnière
Saint-Eustache
450 623-5258 ou
www.nidotruche.com
Cette ferme d'élevage d'autruches propose viande d'autruche de grain, table champêtre et safari-photo. Événement annuel à ne pas manquer : la célèbre course d'autruches!

Portrait au naturel

Le parc national d'Oka a ceci d'intéressant : il fait partie à la fois de la région naturelle des basses-terres du Saint-Laurent et de celle des collines Montérégiennes. Les Montérégiennes sont constituées des roches les plus jeunes du Québec. Ces collines possèdent une histoire géologique qui remonte au crétacé, il y a environ 110 millions d'années. Le parc abrite plusieurs associations végétales : la colline du Calvaire est l'habitat de l'érablière à chêne rouge; parsemées ailleurs dans le parc, on trouve une érablière à caryer, une érablière argentée, une pinède et même une magnifique chênaie. Les milieux humides foisonnent. Le canard branchu, menacé d'extinction jadis, y a élu domicile.

Base de plein air L'Interval
Domaine skiable

LA BASE DE PLEIN AIR L'INTERVAL porte bien son nom. Voilà un camp de base idéal pour parcourir la zone est des Laurentides et même déborder un peu sur Lanaudière, jusqu'à Saint-Donat. Du choix ? Voilà qui ne manque pas ! Le centre dispose d'un réseau de 40 km de ski de fond (niveaux facile et intermédiaire) autour du lac Legault et en forêt. Les plus valeureux feront l'ascension du mont Kaaikop, par une boucle de 11 km, avec vue panoramique au sommet. De là, on peut rejoindre le refuge Paul-Perreault, au bord du lac Lemieux, et se rendre jusqu'à la route 125 via le mont Ouareau. Autre choix : du refuge partent aussi les pistes entretenues par le centre de villégiature La Réserve, un très beau secteur de pistes faciles à expertes.

Ces pistes sont reliées, du lac Lemieux, à la belle multifonctionnelle (vélo, ski de fond) La Donatienne, piste-vedette de Saint-Donat. On peut donc s'épivarder dans les montagnes pour finir par ce sentier serpentant dans un boisé, à l'arrière du parc des Pionniers du village. À lui seul, il forme une boucle facile de 7,2 km. D'aucuns préféreront aller droit au but, en partant de L'Interval ou de Saint-Donat. Le sentier L'Interval, tracé et bien indiqué, relie les deux points distants de 12,8 km. En été, cette piste est accessible en vélo et se poursuit même jusqu'à Sainte-Agathe (34,4 km).

Les amateurs de ski de longue randonnée trouveront leur compte avec ce beau terrain de jeu qu'est le sentier Inter-Centre, à cheval sur les Laurentides et Lanaudière, de Lac-Supérieur au lac Archambault : 25 km au total, classés intermédiaires ou difficiles, non tracés, avec couchers possibles dans deux refuges.

Repères L'Interval
3565, chemin du Lac-Legault, Sainte-Lucie-des-Laurentides
5 $ par jour ; 3 $ pour les 3 à 17 ans ; location de skis de fond ou de raquettes
Info : 819 326-4069 ou www.interval.qc.ca
La Donatienne : 9 $ et gratuit pour les moins de 16 ans
Info : 1 888 783-6628 ou www.saint-donat.ca/article91.html
Sentier Inter-Centre : accès gratuit ; réservation de refuges et cartes.
Info : 1 888 783-6628 ou www.intercentre.qc.ca.

Comment s'y rendre

Emprunter l'autoroute 15 Nord, sortie 89, puis la route 329 Nord vers Saint-Donat sur 19 km. Après l'indication « Interval » à droite, continuer sur 7 km.

ANNE PÉLOUAS

REAGAN MORGAN

Tour de passe-passe

Pour les mordus de ski de fond, le Passeport Laurentides permet de donner libre cours à son plaisir, de skier autant de fois qu'on veut, dans un des 22 centres participants, d'Oka à Ferme-Neuve. On peut aussi prendre une carte d'entrée saisonnière dans un de ces centres et acquérir, la carte réseau du Regroupement de ski de fond des Laurentides, avec entrée gratuite dans chaque centre (450 712-5478 ou www.skidefondlaurentides.com).

Corridor aérobique
Un réseau unique

MORIN-HEIGHTS EST L'UN DES BERCEAUX du ski de randonnée au Québec. C'est ici, dans cette charmante bourgade qui a su conserver son patrimoine bâti, qu'est né le premier club de ski de fond de la Belle Province, le légendaire club Viking, toujours en activité, et dont l'inauguration remonte à 1929.

En plus du réseau du club Viking, une multitude de jolies pistes sillonnent les bois environnants. C'est le cas du centre de ski de fond du Réseau Morin-Heights/Corridor aérobique, où les adeptes du pas de patin s'en donnent à cœur joie le long du corridor, sur une piste sans grand relief mais rapide à souhait. En montagne, sous un beau couvert forestier, plusieurs pistes simples et à sens unique, entretenues mécaniquement, permettent aussi de jouir d'une belle glisse sur différents types de terrains. Les fanas du ski de randonnée nordique (ski sur pistes non tracées mécaniquement mais balisées) ne sont pas en reste, avec de jolies forêts, des lacs gelés et des panoramas enchanteurs çà et là, tandis que depuis les pistes de Morin-Heights, véritable plaque tournante pour fondeurs, il est possible de rejoindre le vaste réseau de pistes de ski de randonnée nordique des Laurentides. Du ski à volonté et pour tous les goûts !

Repères Réseau de ski de fond Morin-Heights/ Corridor aérobique 50, chemin du Lac-Écho, Morin-Heights Info : 450 226-1220 ou www.morinheights.com

Comment s'y rendre

Prendre l'autoroute 15 jusqu'à la sortie 60 à Saint-Sauveur. Poursuivre sur la route 364. À Morin-Heights, prendre à gauche le chemin du Village. Au premier arrêt, tourner à gauche sur le chemin du Lac-Écho.

GAÉTAN FONTAINE

SAP OFURO

Un brin d'histoire

C'est vers 1850 que les premiers colons s'établissent le long de la petite rivière Simon. La première vague de nouveaux occupants arrive d'Irlande, suivie de peu par des francophones de la région provenant principalement des villes de Saint-Jérôme et de Lachute. Les deux communautés s'entendent plutôt bien, et chacune fonde sa paroisse : la Morin Heights United Church (1855) pour les anglos et la paroisse Notre-Dame-des-Nations (1883) pour les francophones. Autrefois, le village s'appelait Bas-Morin ou Morin Flats.

Le club Viking

Le club Viking fait partie de l'histoire du ski de fond au Québec. Dans cette véritable pépinière de talents, on a formé plusieurs fondeurs de fort calibre, comme l'olympien Chris Blanchard ; Pierre Harvey y a également fait quelques courses. On y trouve des pistes pour les skieurs de tout acabit, dont quelques-unes consacrées à la compétition. L'école du club jouit d'un réel renom, et le programme d'apprentissage pour jeunes fondeurs est exemplaire. Le club possède son chalet, et seuls les membres peuvent accéder à ses pistes. 450 226-3284 ou www.vikingskiclub.ca

Labelle
Un secret trop bien gardé

VOUS AIMEZ LES PETITS CENTRES DE SKI où la neige est abondante et les sentiers bien balisés? Vous appréciez skier à votre rythme sans qu'une voix vous susurre à l'oreille le traditionnel «piste»? Vous adorez grignoter votre barre énergétique et boire une gorgée d'eau avec, comme seuls spectateurs, les mésanges à tête noire? Vous êtes un adepte du ski classique? Mettez votre tuque, enfilez vos gants et sortez votre paire de skis de randonnée. Direction Labelle.

Le Centre de ski de fond de Labelle existe depuis plus de 25 ans mais, curieusement, c'est sûrement l'un des moins connus des Laurentides. Pourtant, il n'a rien à envier à d'autres dont la réputation est parfois surfaite. Rien de clinquant dans les installations. En partant, après avoir payé vos droits d'accès et récupéré l'indispensable belle carte couleur du Centre, vous serez surpris par la petite montée abrupte qui vous mène au cœur de ses sentiers. À partir de là, c'est pur enchantement. Les feuillus alternent avec les résineux, les bosses avec les vallons, la neige avec... la neige.

En début de saison, on vous suggère d'aller faire un tour dans les sentiers (la Descente, les Ruines, le Marais, la Familiale et le Boomerang) qui conduisent à deux refuges. Si les conditions de neige sont bonnes, vous aurez beaucoup de plaisir. Et si vous passez au beau milieu de l'hiver, n'hésitez pas un instant : allez explorer les sentiers qui arpentent le mont Labelle, une ancienne station de ski familiale qui a fermé ses portes il y a une quinzaine d'années. Vous y verrez d'ailleurs les vestiges de certains remonte-pentes.

Repères Plus de 25 km de sentiers bien balisés. La vingtaine de sentiers, tracés en double à 50 %, est accessible à tous les skieurs, qu'ils soient débutants, intermédiaires ou experts. Deux petits refuges sont aménagés et de beaux points de vue surplombent les deux lacs de ce centre, le lac Vigné et le lac de la Mine.

Comment s'y rendre

De Montréal, prendre l'autoroute 15 Nord, puis la route 117 Nord jusqu'à Labelle. Au feu de circulation, tourner à gauche et suivre les indications pour le Centre de ski de fond. Le stationnement et l'accueil sont à 2 km.

LISANE CHAPLEAU

Les belles histoires des pays d'en haut

Labelle a fêté son 125e anniversaire en 2005. Le curé Labelle, le «roi du Nord», a célébré la première messe de Chute-aux-Iroquois (l'ancien nom de Labelle) le 8 septembre 1878. En 1891, deux ans après la mort de l'instigateur du chemin de fer du Nord, la voie ferrée atteint Labelle. Une légende amérindienne raconte qu'il y a plusieurs années, des Iroquois ont tenté de traverser en canot les rapides de la chute, au cœur du village. Malheureusement, cette expédition s'est terminée en noyade collective. C'est en mémoire de cet événement que l'endroit fut nommé Chute-aux-Iroquois.

Autres activités

On peut aussi faire de la raquette au centre de ski de fond (une dizaine de kilomètres). Dans le sentier du Cap 360, qui est partie intégrante du Sentier national la marche en montagne et la randonnée en raquettes sont possible. Le départ est situé tout près de la gare et de la piste du P'tit Train du Nord. Vous pouvez juste jeter un coup d'œil sur la vallée de la Rouge au premier point de vue – celui de la montagne des Vaches – et redescendre.

nos trouvailles

Société d'histoire de Chute-aux-Iroquois
7393, boulevard du Curé-Labelle
Labelle
819 686-2144, poste 238
À voir : une belle exposition permanente d'objets anciens, de photos d'époque et de films historiques. Au sous-sol de la bibliothèque municipale.

Le Resto • Bar du Curé
47, rue du Pont
Labelle
819 686-1777
En face de la rivière Rouge. Grillades et brunch le dimanche.

Kayak Café
8, rue du Camping
Labelle
819-686-1111
Situé sur le bord de la rivière Rouge, avec une vue spectaculaire sur la chute aux Iroquois. Ambiance sympathique. En été, endroit idéal pour s'initier au kayak.

Gare de Labelle
180, rue du Dépôt
Labelle
819 686-3666
Elle a été inaugurée en 1924. Récemment restaurée avec goût, elle abrite maintenant un gîte et un restaurant. Une partie de la gare a également été convertie en musée. Beaucoup de motoneiges l'hiver.

Montagne du Diable

Au bord du Baskatong

ALTITUDE : 783 m; DÉNIVELÉ : 550 m; quatre sommets; une neige à faire pâlir d'envie le Saguenay ou la Gaspésie… Et si on aime cette montagne du Diable, la plus haute passé Mont-Tremblant, au bord du réservoir Baskatong, c'est aussi parce qu'elle abrite un centre récréo et écotouristique né dans le milieu pour protéger et développer son territoire : 10 000 hectares au total, incluant ce diable de massif. Les Amis de la montagne du Diable en ont fait un haut lieu de plaisirs pour la raquette (80 km de sentiers) et le ski de fond (40 km sur piste tracée, 45 km en hors-piste).

Raquettes aux pieds, par un froid mordant de février mais sous un soleil éclatant, on traverse le camping rustique estival, histoire de se mettre en jambes avant d'entrer dans le vif du sujet : une montée constante à flanc de colline, à travers une superbe érablière à bouleau jaune, suivie d'une autre plus soutenue pour atteindre la limite de la forêt boréale. Changement de ton… et de paysage : la neige se fait plus épaisse, les résineux en sont aussi chargés que le sentier lui-même.

À l'arrivée sur les hauteurs, on monte encore quelque peu le long de la crête, avec vue sur la plaine de Ferme-Neuve, avant de rejoindre le relais-refuge de la paroi de l'Aube. La descente en boucle dans la forêt se termine par une petite marche de santé sur le lac de la Montagne. En longue randonnée linéaire, on pourrait continuer deux ou trois jours via la crête pour passer par les autres sommets, celui du Garde-Feu, suivi par le Belzébuth puis le Diable, avant de redescendre vers la chute du Windigo. Plusieurs refuges ou relais parsèment la route.

Repères Circuit proposé en raquettes au départ du lac de la Montagne : paroi de l'Aube – 10,8 km – 5 heures de marche aller-retour. Les Amis de la montagne du Diable : quatre refuges, deux relais; transport de bagages possible.
Poste d'accueil et enregistrement au 94, 12e Rue, Ferme-Neuve
Info : 1 877 587-3882, 819 587-3882 ou
www.montagnedudiable.com

Comment s'y rendre

Prendre l'autoroute 15 Nord, puis la route 117 jusqu'à Mont-Laurier. Poursuivre en direction de Ferme-Neuve par la route 309 Nord. À Ferme-Neuve, tourner sur la 12e Rue, puis sur la 9e Avenue à gauche. Virer sur la montée du Baskatong à gauche et aller jusqu'à l'intersection du chemin du Baskatong. Prendre à droite et rouler 10 km environ. Stationnement à droite de la montagne.

ANNE PÉLOUAS

Chut : chute !

La chute du Windigo est un immense rocher sur lequel glisse littéralement l'eau du ruisseau du même nom. Le mot algonquin signifie «monstre géant anthropophage», un démon au mauvais esprit qui fait peur aux enfants… D'où le nom de la montagne du Diable qui abrite la chute, en pente de plus de 55 m sur 18 m de large! Non loin, on vient de construire le quatrième refuge du centre, nommé L'Abri du vent.

PH

147

Morin-Heights
Tai-chi sur neige

ON CROIRAIT VOIR UN MAÎTRE DE TAI-CHI sur la pente de ski de la station Morin-Heights, tant le geste est fluide et harmonieux… En séance d'initiation au télémark, je suis bien aise qu'une caméra ne capte pas mes propres mouvements incertains et un brin crispés quand viendra mon tour…

Première surprise : mon guide a «oublié» de me donner des bâtons ! Quand je m'en étonne, il m'explique que c'est pour mieux apprendre… On grimpe sur le tapis roulant menant au «sommet» de la pente-école pour une première descente, histoire de prendre le bon pli : rester bien fléchi sur ses jambes, l'une en avant, l'autre en arrière, virer en tournant sa tête et son épaule plutôt que tout le corps, lever les mains à hauteur des yeux tout en regardant droit devant… Facile à dire ! Les skis paraboliques ont tendance à tourner tout seuls, par chance, mais ils ne font pas pour autant tout le travail, et mes vieilles habitudes de skieuse de fond (en chasse-neige pour tourner) reprennent vite le dessus dès qu'on grimpe au sommet d'une vraie piste.

Mon guide est magnifique, et je peine à l'imiter «artistiquement», les fesses trop en arrière, les bras dans les airs, les jambes manquant de paral-lélisme avant le coup de ciseaux à faire au milieu de la ligne de pente. Jambe droite en avant pour virer à droite, jambe gauche en avant pour aller à gauche… Je m'emmêle allègrement les pinceaux et c'est la chute, toujours artistique ! Pas grave : on se relève pour admirer la grâce du professeur. Morale de l'histoire : toute nouvelle activité de plein air est un exercice d'humilité personnelle, mais on garde tout de même l'envie d'apprendre !

Repères Leçons particulières de télémark à Ski Morin Heights : 231, chemin Bennett. Info : 450 227-2020 ou www.mssi.ca

Comment s'y rendre

Prendre l'autoroute 15 Nord, sortie 60 (Saint-Sauveur). Virer à gauche au premier feu de circulation, puis poursuivre sur la route 364 Ouest, direction Morin-Heights. Prendre le chemin Bennett au deuxième feu dans le village.

ANNE PÉLOUAS

La p'tite Loken

Il faut la chercher un peu, mais quel merveilleux ski hors-piste on peut faire sur la Loken, en arrière de la bouillante ville de Saint-Sauveur! Cette piste est si fréquentée et traversée qu'on ne sait pas toujours quelles traces suivre, et il faut faire attention aux branches qui obstruent parfois le chemin. On peut s'y balader à flanc de douce montagne, avec boucle possible sur 8 km, pendant 2 ou 3 heures. Deux entrées avec stationnement. Carte des sentiers de ski de fond de Saint-Sauveur : 450 227-4633.

Parc national du Mont-Tremblant
De la Diable à la Pimbina

LE PARC DU MONT-TREMBLANT PROPOSE un vaste champ de neige où l'on peut skier en forêt une seule journée ou encore s'évader plusieurs jours. La variété des pistes plaira tant au fondeur du dimanche qu'à l'aventurier avide de défis à relever.

Deux secteurs se partagent le parc. Le secteur de la Diable, le plus achalandé, propose un réseau de pistes entretenues mécaniquement (classique et pas de patin) ainsi qu'une boucle de 50 km pour le ski de randonnée nordique. Depuis peu, les pistes de ce secteur sont tracées à l'aide d'une rutilante surfaceuse. Ainsi, malgré les intempéries (pluie, verglas ou encore hausse subite de température qui modifie la structure de la neige), les pistes demeurent skiables.

Le second secteur, la Pimbina, près de Saint-Donat, propose un plus petit réseau de pistes entretenues mécaniquement et 46 km pour le ski de randonnée nordique. Étant donné la difficulté des parcours, il est fortement conseillé aux amateurs de ce sport d'utiliser des skis munis de carres d'acier pour un meilleur contrôle dans les descentes. Les trajets proposés pour la longue randonnée nordique comportent quelques passages difficiles et techniques. Lorsque la neige est durcie, il faut redoubler de prudence dans les descentes. Les débutants devraient s'abstenir et rester sur les pistes entretenues mécaniquement. Lorsqu'ils auront un peu plus d'expérience, ils pourront s'aventurer dans le magnifique arrière-pays en toute confiance.

Repères Parc national du Mont-Tremblant
Chemin du Lac-Supérieur, Lac-Supérieur
Info : 1 800 665-6527 ou www.sepaq.com

Comment s'y rendre

Pour le secteur de la Diable, prendre la 15 Nord depuis Montréal et poursuivre sur la 117 Nord jusqu'à Saint-Faustin. De là, suivre la signalisation pour le parc. Pour le secteur de la Pimbina, prendre la 25 Nord depuis Montréal et poursuivre sur la 125 Nord. À Saint-Donat, continuer sur la 125 en suivant la signalisation pour le parc.

Le grand Jack

Jack Rabbit (Herman Smith Johannsen de son vrai nom), le pionnier du ski de fond au Québec, aimait bien ce coin escarpé des Laurentides. Le pic Johannsen (968 m), le plus haut sommet du massif du mont Tremblant, honore ce personnage emblématique. Le fondeur d'origine scandinave, né en juin 1875 à Horton, en Norvège, s'est établi au Québec en 1919. On lui doit le développement de l'immense réseau de pistes de ski de fond des Laurentides. Ce skieur increvable a vécu jusqu'à l'âge vénérable de 111 ans! Le ski de fond serait-il la recette de la jeunesse éternelle?

nos trouvailles

Auberge rustique
1995, chemin du Lac-Supérieur
Lac-Supérieur
1 866 723-8888 ou
www. aubergerustique.com
À 7 km du parc (secteur de la Diable), cette vieille auberge a tout pour les amateurs d'«après plein air», notamment un chaleureux salon avec foyer de pierre.

Microbrasserie Saint-Arnould
435, rue des Pionniers
Mont-Tremblant
819 425-1262 ou
www.saintarnould.com
Six variétés de bière sont brassées dans cette sympathique microbrasserie. Spécialité : cuisine à la bière. Musée de la bière exposant 1500 bouteilles.

Hébergement dans le parc
1 800 665-6527 ou
www.sepaq.com
Onze refuges et deux chalets équipés, accommodant jusqu'à six personnes, plairont aux amateurs de ski de randonnée nordique. Camping d'hiver possible près du pavillon d'accueil.

Parc national du Mont-Tremblant

L'endurance récompensée

À LA PORTE DU PARC national du Mont-Tremblant, le sentier du Centenaire est bien connu des visiteurs estivaux. Même s'ils ne l'ont jamais emprunté, ceux-ci ne peuvent avoir manqué la barrière rocheuse que constitue le mont La Vache Noire, à droite de la route d'accès du parc. Le Centenaire, section du Sentier national du Québec, court sur la crête dudit mont… une fois qu'on a, évidemment, grimpé ses pentes.

Voilà l'un des plus beaux sentiers de raquettes au Québec ! Raquettes aux pieds et bâtons aux poignets, c'est parti pour une sérieuse journée de marche (de 4 à 6 heures, plus les arrêts). Le sentier linéaire, proposé au départ du pont de la Diable, compte 9,2 km. Il est fortement conseillé de laisser une deuxième auto au pont de la Sablonnière pour s'éviter un allongement sur route de 3 km.

Au départ, à droite de la route, le massif de la Vache Noire domine le paysage du nord au sud. Le plus dur s'annonce : une montée quasi constante à flanc de montagne pour atteindre un premier sommet, puis un deuxième en moins d'une heure et 450 m de dénivelé. Du haut de ses 750 m, la Vache Noire est une récompense en soi. En l'absence de végétation exubérante, les points de vue se multiplient en direction sud : la Station Mont-Tremblant au loin, le mont La Tuque à la forme inusitée, la vallée de la Diable en contrebas et le Toit des Laurentides tout près… à vol d'oiseau.

Le sentier suit de belles descentes et remontées en zone forestière dominée par des résineux chargés de neige. En deuxième partie de randonnée, il se tourne plutôt vers le nord-est pour une longue descente dans un bois de feuillus. Virage plein est, enfin, pour traverser une érablière, puis rejoindre une sapinière sur fond sablonneux et finir en terrain plat, au camping de la Sablonnière.

Deux autres sentiers de raquettes valent le déplacement dans le parc : celui du mont-des-Cascades, boucle de 7,5 km accessible par Saint-Donat, et celui des Ruisselets (8,8 km) dans le secteur de la Diable, avec nuit possible au refuge de la Hutte.

Repères Parc national du Mont-Tremblant, secteur de la Diable
Info : 1 800 665-6527, 819 688-2281 ou www.parcsquebec.com

Comment s'y rendre

Prendre l'autoroute 15 Nord, qui devient la route 117, puis tourner à gauche sur le chemin du Lac-Supérieur. Pour le sentier du Centenaire : départ du pont de la Diable (10,5 km avant le centre de services du Lac-Monroe) ou du pont de la Sablonnière (3,5 km après l'entrée du parc ou 6,5 km avant le centre de services).

STEVE DESCHÊNES/SEPAQ

À dos d'éléphant

Dans la catégorie des randonnées rapido presto, à faire à pied ou en raquettes, celle du mont Éléphant, en bordure du chemin du Lac-Supérieur, est un excellent choix. C'est gratuit, et les chiens en laisse sont admis. Le point de départ du sentier est situé au fond du stationnement de l'Auberge Le Versant Nord. Comptez deux heures et demie pour faire le tour du mont Éléphant.

Skier avec les loups

C'en est fini des sorties du style «appel au loup» dans les parcs, mais dans celui du Mont-Tremblant, on n'a pas abandonné la bête. Bien au contraire… À la pleine lune, on part à la rencontre virtuelle de cet animal emblématique du parc. Une courte randonnée guidée en ski de fond (6 km aller-retour), de nuit, et un arrêt-collation dans un refuge tout chaud. Là, un guide naturaliste vous raconte les aventures nocturnes d'une meute de loups. Idéal pour les petites familles qui aiment le plein air (quatre samedis par hiver ; plus de 12 ans ; réservations obligatoires).

Parc régional Dufresne
Du plein air en liberté

BIEN FINIE, LA BISBILLE – sur fond de projet immobilier – qui avait entraîné, durant deux longues années, la fermeture d'une bonne partie du centre de ski Far Hills. Le parc régional Dufresne, né après le conflit, a consolidé un superbe réseau de pistes reliées à celles de Far Hills et qui permettent de skier joyeusement dans la région de Val-David/Val-Morin.

Au cœur du parc, quelque 80 km de sentiers pour tous les calibres en font le plus grand centre de ski de fond des Laurentides. Du chalet d'accueil Anne-Piché, on n'a que l'embarras du choix, en piste verte autour du lac la Sapinière, ou en piste bleue sur la presque totalité du territoire. Les experts disposent d'une vingtaine de kilomètres de pistes noires en zone forestière et accidentée. La numéro 15, plein nord, fait le grand tour du mont Césaire, avec grimpette au sommet, pour 4,6 km au total !

Aux amateurs de ski nordique, on recommande le tour et la montée au sommet du mont Mustafa, dans le secteur est, ou une échappée vers Sainte-Adèle via l'historique piste nordique (non tracée) Maple Leaf, à l'est, et la non moins historique Gillespie, à l'ouest.

Pour la raquette, le circuit le plus intéressant conduit en haut du beau mont Condor à l'ouest, lequel est aussi accessible par une piste de ski de fond expert ou nordique.

L'été, le parc est ouvert à la randonnée pédestre et au vélo de montagne sur les mêmes sentiers. Et il forme un haut lieu d'escalade avec six « jardins » de parois, notamment aménagées à même les monts King, Césaire et Condor.

Repères Parc régional Dufresne
11, chemin du Condor, Val-David
Info : 819 322-6999 ou www.leparcdufresne.qc.ca

Comment s'y rendre

Sortie Val-David de l'autoroute 15; virer sur le chemin de la Sapinière, à droite dans le village, après avoir traversé la piste du P'tit-Train-du-Nord.

XAVIER LOYAT

Des spas nordiques à la pelle

Les Laurentides atteindront-elles bientôt la saturation en matière de spas nordiques ? Pour l'heure, on se réjouit de pouvoir profiter de leurs bienfaits tout près de nos lieux préférés d'activités hivernales. Après le Polar Bear's Club de Piedmont, l'Ofuro et le Refuge de Morin-Heights, le Scandinave de Mont-Tremblant et L'Eau à la bouche de Sainte-Adèle, voici deux petits derniers que voudront découvrir les pros de la détente. D'abord, le Spa Le Finlandais, à Rosemère (450 971-0005 ou www.spalefinlandais.com), prend racine dans le refuge faunique de la Rivière-des-Mille-Îles, aux portes de Montréal. Ensuite, Le Spa d'Howard, à Saint-Adolphe-d'Howard, est un vrai bijou respirant l'authenticité, sur la route de Sainte-Agathe, au bord de la rivière (819 327-3277, 1 877 SPA-1835 ou www.spadhoward.com).

Parc régional de la Rivière-du-Nord

Belle neige, belle marche

DEPUIS L'AUTOROUTE DES LAURENTIDES, à hauteur de Saint-Jérôme, ne cherchez pas du regard le parc régional de la Rivière-du-Nord. Il se cache en contrebas, et pourtant à deux pas. Même qu'il s'étire comme un chat, entre la 15 et la route 117, lové dans les méandres de la rivière. Mi-urbain, mi-nature, avec beaucoup d'oiseaux visiteurs, il est géré par cinq municipalités qui ont réussi le tour de force de préserver cet espace des promoteurs immobiliers.

Voilà un joli site de type familial pour expérimenter la marche sur neige, tranquille ou rapide. Le parc compte 32 km de sentiers pédestres, dont 7 sont damés l'hiver. Du poste d'accueil, dans le secteur sud (Saint-Jérôme), une courte balade mène à l'étang du Castor, puis à l'emplacement d'une ancienne pulperie par-delà un pont enjambant la rivière. Près des vestiges, on longe les chutes Wilson en remontant vers le nord, sur le sentier La Rivière (boucle de 3,2 km). On perd vite les sons urbains. La neige crisse sous les pieds tandis qu'on traverse une jolie forêt d'arbres matures, avec pour paysage la rivière, ses méandres de glace et ses grands trous d'eau bouillonnante.

Le sentier débouche sur la piste du P'tit-Train-du-Nord, non loin d'un relais en bois rond. Au retour, juste après le pont, on peut prolonger la visite par le sentier Le Draveur et explorer ainsi l'autre rive! Dans le secteur nord (entrée par la Porte du Nord), un camping sauvage accueille les mordus de l'hiver. Le parc offre aussi 27 km de pistes de ski de fond et, l'été, le canot et le vélo sont très prisés. Petit conseil : allez-y en semaine si vous voulez avoir le parc presque pour vous tout seul !

Repères Parc régional de la Rivière-du-Nord
750, chemin de la Rivière-du-Nord, Saint-Jérôme
Ouvert de 9 h à 17 h ; 7 $ pour non-résidents de la MRC.
Info : 450 431-1676 ou www.parcrivieredunord.com

Comment s'y rendre

De Montréal, le parc est accessible par l'autoroute 15 Nord, sortie 45. Le secteur nord compte une autre entrée, par la Porte du Nord, sortie 51 de l'autoroute 15.

ANNE PÉLOUAS

Skions gaiement

Pas beaucoup de temps pour une sortie de ski de fond ? De Montréal, on rejoint facilement ce sympathique petit centre de ski de fond des Basses-Laurentides, situé à l'ouest de l'autoroute 15. Le Gai-Luron a un terrain nettement plus accidenté que le parc de la Rivière-du-Nord et il plaira à ceux qui aiment suer en montée et profiter de quelques belles descentes ! Idéal pour les premiers pas des petits en ski de fond, il offre tout de même 32 km de sentiers tracés, dont plusieurs boucles pour experts (de 7 à 12 km) pouvant pleinement rivaliser avec celles de plus grands centres ! 2155, montée Sainte-Thérèse ; 450 224-5302 ou www.centredeskidefondgai-luron.com ; sortie 45 de l'autoroute 15, puis direction montée Sainte-Thérèse pour 10 km.

Rivière-Rouge
Cap sur les refuges

«AMENEZ-EN, DES PROJETS» n'est pas seulement le slogan d'un grand spécialiste de la rénovation. C'est aussi le leitmotiv des responsables du Club des 6 Cantons à Rivière-Rouge (L'Annonciation). En moins de six ans, ils ont complètement métamorphosé les installations de ce club fondé en 1978. C'est plus de 300 000 $ qui ont été investis dans les infrastructures. Résultat : le réseau de sentiers a été refaçonné et prolongé, on a rénové le chalet d'accueil, les relais du Chevreuil et Chez Rodrigue, installé un tipi et construit un tout nouveau chalet communautaire qui peut accueillir une quarantaine de personnes. Comme si ce n'était pas assez, on a mis sur pied (!) un club de marche. Un exemple à suivre de partenariat et de collaboration entre les différents intervenants de la région.

Et le ski de fond, dites-vous ? De beaux sentiers super bien entretenus, comme on n'en voit malheureusement pas assez souvent. Il y en a pour tous les goûts. L'une des boucles à essayer emprunte le Belvédère ou le Castor, le Hibou et le Bûcheron. Malheureusement, le relais du Cap, une tour-relais construite en 1980 a été détruite par les flammes en janvier 2008. De l'autre côté de la route, le sentier La Rose (15,5 km) vaut le détour à lui seul. Seul bémol : on passe à quelques reprises sous les lignes de haute tension d'Hydro-Québec. Il n'est pas rare d'y voir des chevreuils et d'autres représentants de la faune... politique, comme Stéphane Dion, ex-ministre de l'Environnement et chef du parti libéral du Canada.

Repères Plus de 55 km de sentiers de ski de fond classique et 40 km de sentiers de raquettes. Huit sentiers très bien entretenus dont certains ne sont pas piqués des vers. Quatre relais peuvent accueillir 6, 11 ou 40 personnes.
Info : 1 888 560-9988, 819 275-3494 ou www.les6cantons.com

Comment s'y rendre

De Montréal, emprunter l'autoroute 15, puis la 117 Nord jusqu'à Rivière-Rouge (L'Annonciation). Passer devant le RONA puis, un peu plus loin, l'église. Au feu de circulation, tourner à droite et traverser le pont qui enjambe la rivière Rouge. Poursuivre sur le chemin de La Macaza ; l'accueil du Club les 6 Cantons est à 4,5 km.

PIERRE HAMEL

YANIK CHAUVIN/FOTOLIA

Les méandres de la Rouge

Profitez de votre séjour dans cette belle région pour découvrir la rivière Rouge en hiver. À la fin de votre journée de ski de fond, plutôt que de rejoindre immédiatement la 117, tournez à gauche sur le chemin Francisco. Ouvrez bien les yeux. Les eaux de la Rouge, tantôt vives, tantôt calmes, ne circulent pas d'une façon rectiligne, mais dessinent de nombreuses courbes. En hiver, c'est de toute beauté.

Quand vous apercevrez quelques chevreuils gambader au beau milieu du chemin, vous craquerez! Prochaine observation : le rapide des Italiens (environ 2 km), ainsi nommé parce que, au tournant du XXe siècle, quelques familles italiennes se sont installées sur les terres côtoyant la rivière Rouge, dans le canton de Marchand. Longez ensuite la rivière Rouge jusqu'à La Macaza. Vous passerez sous le pont couvert de La Macaza (une travée de 39 m), l'unique spécimen de la vallée de la Rouge. Si vous n'avez pas assez vu de chevreuils à votre goût, tournez à gauche en direction du village La Macaza. À la fin de la journée, au dépanneur, il y a toujours une bonne dizaine de chevreuils qui se nourrissent aux mangeoires aménagées par les propriétaires du dépanneur. Retournez ensuite sur vos pas en direction de Labelle. Vous passerez sous le pont des Chars qui enjambe la Rouge et qui fait maintenant partie du parc linéaire du P'tit Train du Nord.

nos trouvailles

L'Accueil du Petit Lac Nominingue
100, chemin des Grands-Ducs Nominingue
819 278-3768 ou www.accueildupetitlac.ca
Maison de ressourcement qui offre un hébergement en chambre économique. Situé sur le bord du petit lac Nominingue, L'Accueil du Petit Lac, propriété des sœurs de Sainte-Croix, a aussi une table digne de mention à un coût très abordable. Le point de vue est à couper le souffle. Sur réservation.

Gare de l'Annonciation
682, rue Prícipale Nord Rivière-Rouge
819 275-5358 ou www.hautes-laurentides.com
Gare originale construite en 1903. De style cottage orné. Bureau d'accueil touristique et centre d'exposition. En été, l'endroit parfait pour débuter une belle randonnée cycliste dans la région.

La Clairière de la côte
16, chemin Laliberté Rivière-Rouge (L'Annonciation)
819 275-2877
Gîte du passant et table champêtre. Un repas neuf services cuisiné avec beaucoup d'attention par votre hôte. Vous demanderez à Monique Lanthier, enseignante à la retraite, qu'elle vous raconte un peu l'histoire de La Macaza. Et si vous n'êtes pas impressionné par son poêle à bois, continuez d'aller chez St-Hubert! Sur réservation.

PIERRE HAMEL

159

Sainte-Marguerite-du-Lac-Masson
Bijou glacé

J'AVAIS ENTENDU PARLER DE LA PATINOIRE du lac Masson à quelques reprises au cours des dernières années. Toujours en bien, mais sans plus. À mon arrivée sur le site, j'ai pourtant eu un choc. La surface glacée était magnifique, entretenue par une « arroseuse » très ingénieuse. D'une belle largeur, le sentier des neiges (air connu) filait très loin, au cœur de Sainte-Marguerite. Et, ce qui ne gâche rien, le soleil était au rendez-vous. Le vent aussi d'ailleurs.

Au fil des kilomètres (8,1 km aller-retour), on allait découvrir pourquoi Sainte-Marguerite-du-Lac-Masson était, au début du siècle dernier, le site touristique le plus recherché des Pays-d'en-Haut, immédiatement après Sainte-Agathe. Des maisons cossues, des similichâteaux et des chalets rénovés à plusieurs reprises sont construits sur les rives du lac Masson.

On aperçoit même une partie du complexe hôtelier à l'architecture très moderne, érigé par le richissime baron d'Empain au milieu du XXe siècle. On raconte d'ailleurs que ce noble ne faisait jamais les choses à moitié, comme en témoigne l'ouverture de sa Blue Room au son du réputé orchestre de Benny Goodman qui s'était contenté, pour l'occasion, d'un modeste cachet de 5000 $!

Repères L'accès à la patinoire du lac Masson est gratuit. On peut louer des patins ou faire affûter les siens sur place. En février, plusieurs activités sont présentées sur la grande surface glacée.
Info : 450 228-2543

Comment s'y rendre

À partir de Montréal, emprunter l'autoroute 15 Nord. À la sortie 69, filer jusqu'à Sainte-Marguerite-du-Lac-Masson. La patinoire du lac Masson est au cœur du village.

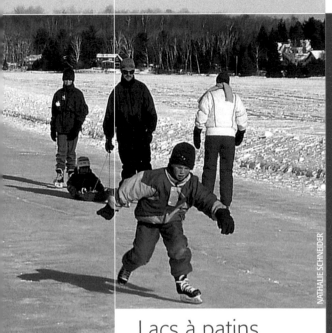

NATHALIE SCHNEIDER

Lacs à patins

Au cœur des Laurentides, une douzaine d'endroits offrent des anneaux de glace dignes de mention. Nous avons un faible pour la patinoire du lac des Sables à Sainte-Agathe-des-Monts. L'endroit est charmant et il n'y a pas trop de monde sur l'anneau de un kilomètre de circonférence. Mais notre coup de cœur, c'est la toute petite patinoire (450 m) du lac Moore qui l'obtient. Patiner tranquillement à l'ombre du mont Tremblant et de ses nombreuses pistes de ski alpin revêt un caractère particulier. Situé tout près du vieux village de Tremblant, derrière l'Auberge internationale de Mont-Tremblant, le site est enchanteur. Si on n'était pas un brin macho, on pourrait même dire que l'endroit est propice à une balade romantique le soir venu. *Love Story*, sors de ce corps !

Traîneau à chiens et spa

À Wentworth-Nord, sur un territoire vierge de 40 km², on trouve un centre d'excursions de traîneaux à chiens (Laurel Aventure Nature). Sur le site : un refuge en bois et un spa nordique amérindien extérieur incluant piscine, spas, sauna humide et sec (www.aventurenature.com).

nos trouvailles

Auberge Caribou
141, chemin du Tour-du-Lac
Lac-Supérieur
1 877 688-5201 ou
www.aubergecaribou.ca
Établissement quinquagénaire tout en bois rond. Ambiance rustique et chaleureuse. Très bonne table réputée pour ses produits du terroir et ses plats préparés avec talent par la chef Suzanne Boulianne.

Auberge au Phil de l'Eau
150, chemin Guénette
Sainte-Marguerite-du-Lac-Masson
450 228-1882 ou
www.auphildeleau.com
Gîte du passant certifié situé sur un beau site au bord du lac. Au menu, fine cuisine belge et française. Spécialité de bières belges.

Bistro à Champlain
75, chemin Masson
Sainte-Marguerite-du-Lac-Masson
450 228-4988 ou
www.bistroachamplain.com
La bâtisse date de 1864 et abritait autrefois un magasin général. Aujourd'hui, le restaurant a gardé les boiseries claires, ce qui confère à ce lieu une chaleur naturelle. Mais c'est surtout grâce à sa prestigieuse cave à vin (35 000 bouteilles) et à son propriétaire Champlain Charest, un des plus grands connaisseurs de vin au pays, que le bistro a établi sa grande renommée.

MAURICIE

La Mauricie, c'est une infinité de lacs qui se dévoilent un à un ou en chapelets. L'eau couvre 11 % de son territoire (4365 km²). Le réservoir Gouin, avec ses 1303 km², est son plan d'eau le plus important. Quant à la forêt, qui représente 88 % de sa superficie, elle est mise en valeur dans le Parc national du Canada de la Mauricie, dans des réserves naturelles, des zones d'exploitation contrôlées et de nombreuses pourvoiries.

CENTRE D'AVENTURE MATTAWIN

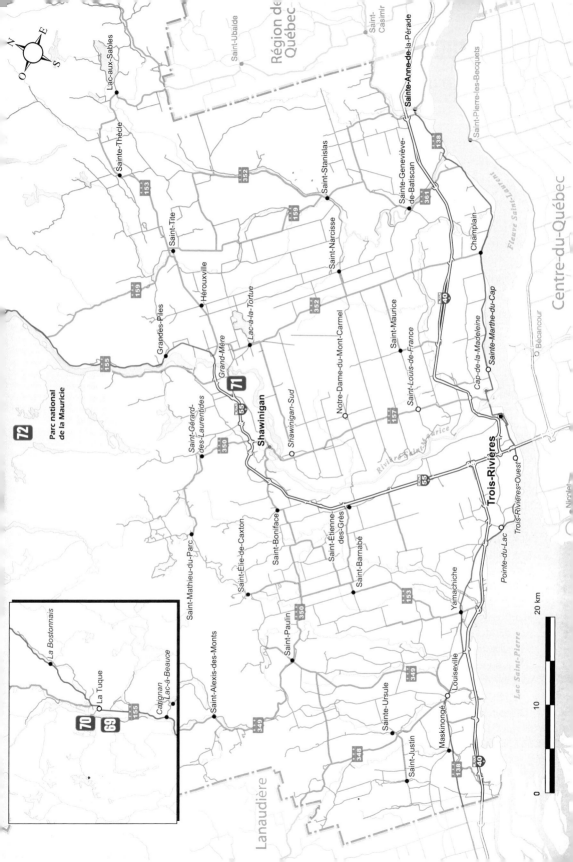

69 MAURICIE

VÉLO DE MONTAGNE
Canot | **Kayak**

La Tuque
C'est à
deux minutes

À LA TUQUE, IL NE FAUT JAMAIS plus de deux minutes pour vous rendre où bon vous semble. Notamment aux sentiers de vélo de montagne tracés par l'organisme Mauricycle. Il vous suffit de traverser le pont suspendu pour être à pied d'œuvre. Nul besoin de montrer patte blanche ou de sortir le porte-monnaie : l'accès aux sentiers est gratuit. Un plan à l'entrée des sentiers indique le menu. Il faut avouer qu'il y en a pour tous les goûts, même pour les familles. Une flopée de bénévoles motivés ont concocté 90 km de sentiers, dont une quinzaine en mode *single track* (ou voie unique, pour les puristes).

Côté ingrédients, la forêt du Haut-Saint-Maurice ne manque pas de diversité. En hors-d'œuvre, la piste du lac Parker Sud ; ses rives sont idéales pour installer une tente en toute quiétude, sans oublier le ruisseau à traverser en sautant de pierre en pierre, le vélo sur l'épaule. Vous voulez en prendre plein la vue ? Roulez la Boucle et l'Érablière pour accéder à des belvédères avec vue sur le Saint-Maurice. Comme vous êtes encore en pleine forme, vous décidez de revenir par la Tourbière. Après une belle allée de jeunes arbres, la zone marécageuse recèle quelques pièges humides dans lesquels il est assez facile de mettre la roue.

Pour la bonne bouche, vous vous êtes gardé l'Orignal, la Buse et la Wabush, des *single tracks* enlevantes. Le premier sentier est plus facile, le dernier plus acrobatique.

Au premier coup d'œil, on peut croire que le plan des sentiers de Mauricycle est alambiqué. Une fois que l'on a compris que le sentier 4 est la colonne vertébrale du réseau, on s'y retrouve facilement. Enfin, le Chemin de fer qui, tel un long fleuve tranquille, coule le long du Saint-Maurice.

Repères Le Haut-Saint-Maurice est un territoire méconnu par les amateurs de plein air. Pourtant, les activités possibles y sont nombreuses et toujours à proximité. On s'informe en allant dans le site www.tourismehsm.qc.ca ou en appelant au 819 523-2204, poste 322.
Le camp de base pour la plupart des activités peut être établi à La Tuque, la ville la plus étendue du Québec avec ses 30 000 km².

Comment s'y rendre

De Montréal, emprunter la 40 Est jusqu'à Trois-Rivières. Ensuite, prendre la 55 Nord jusqu'à Grand-Mère, qui devient la 155 Nord jusqu'à La Tuque.

JACQUES SENNÉCHAEL

Le Saint-Maurice

Le Haut-Saint-Maurice a été façonné par les Atikamekws (Têtes de Boules), les coureurs des bois, les trappeurs, les utilisateurs des postes de traite de fourrure, les bûcherons, les draveurs, les constructeurs de barrages et quelques autres. La rivière coule dans les veines de tous ceux qui vivent à proximité.

Depuis le «dépitounage» du Saint-Maurice, le tourisme nautique qui croît tranquillement peut lui donner une splendeur nouvelle. Un bassin d'environ 40 000 km² étiré sur plus de 520 km avant de tomber dans le Saint-Laurent en fait un gigantesque terrain de jeu. Michel Garceau, de Passeport Aventure, peut vous en donner les clés de ce territoire. La découverte peut se faire en canot ou en kayak, mais aussi en randonnée pédestre.

Info : 819 523-7350 ou www3.sympatico.ca/passeport.aventure

nos trouvailles

Domaine Beaumont et Sylva
28, rue Mercier
La Tuque
819 523-3767
Les sept chalets en bois rond peuvent loger de quatre à six personnes en bordure de la rivière Croche et de la rivière Saint-Maurice tout en vous évitant d'apporter votre barda de cuisine. La literie est fournie sur demande. Possibilité de camping sauvage.

Club de vélo de montagne Mauricycle
997, boulevard Ducharme
La Tuque
1 877 424-8476, 819 676-8800 ou
www.tourismehsm.qc.ca/mauricycle
Le club a accès à 90 km de piste de différents degrés de difficulté. Il organise des sorties en nature mauricienne les lundis et mercredis soir.

Parc des Chutes-de-la-Petite-Rivière-Bostonnais
819 523-5930 ou www.icithsm.com
Une chute de 35 m, quelques courts sentiers et l'incontournable centre d'interprétation. Ne ratez pas le circuit du coureur des bois avec son questionnaire. Si vous avez les bonnes réponses, il vous manquera juste le chapeau de raton laveur.

Petite-Rivière Bostonnais

Pour tous les goûts !

VOILÀ UNE AUTRE DESTINATION ACCESSIBLE en train. Et, encore une fois, les sentiers ne sont pas très éloignés de la gare. Et il y a toujours le taxi (à deux pas de la gare) si vous préférez accéder directement aux sentiers.

Au sud de la ville, les marcheurs sont invités à découvrir le parc des Chutes-de-la-Petite-Rivière-Bostonnais où de courts sentiers, dont deux d'interprétation de la forêt, plairont particulièrement aux familles. Le centre d'interprétation de la nature est à ne pas manquer, tout comme la chute Bostonnais, haute de 35 m, une des plus hautes du Québec.

Pour les amateurs de randonnée un peu plus musclée, les sentiers de la Petite-Rivière-Bostonnais sont tout indiqués. Vous pouvez emprunter La Boucle (3,4 km) ou encore le Alphide-Tremblay (6 km). Quelques montées abruptes ainsi que des panoramas inusités, comme la vue sur une ancienne aluminerie, sont au programme. À remarquer le long des pistes : la présence de blocs erratiques (gros rochers déplacés lors de la dernière glaciation). Les sentiers partent tout près de la gare.

Le sentier de longue randonnée Haute-Mauricie est un bon endroit pour les amateurs de longue randonnée. Ce sentier linéaire longe la rive ouest de la rivière Saint-Maurice sur 47 km entre La Tuque au nord et Rivière-aux-Rats au sud. Vous pouvez en parcourir une partie, ou la totalité – ce qui prend de trois à cinq jours selon votre forme physique. Trois accès à la rivière depuis la route 155 permettent d'effectuer des séjours à la carte (vous choisissez un des trois points de chute) grâce à un service de navette qui vous fait traverser la rivière Saint-Maurice (voir *Repères*). Le long de la sente, quatre sites de camping disposent chacun de cinq plateformes toujours situées à proximité d'un point d'eau. Il y a également un refuge. De degré intermédiaire, voire difficile pour certains passages, ce sentier offre aux randonneurs un défi à la hauteur de leurs attentes.

Repères Tourisme La Tuque :
819 523-5930 ou www.tourismehsm.qc.ca/nature.html
Pour réserver une plateforme ou le refuge, ou encore pour obtenir de l'information sur le service de navette fluviale :
819 523-5930
Taxi : 819 523-2525

Comment s'y rendre

En train avec Via Rail : 1 888 842-7245 ou www.viarail.com.

Chambres chez Jacques
774, rue Roy
La Tuque
819 523-2843
Parfait pour un petit groupe. Deux logements de quatre pièces et demie (proprets et sans artifices) ont été convertis en chambres à louer. Les chambreurs ont accès à une cuisine commune avec poêle, frigo, micro-ondes et vaisselle, le tout à tarif modique.

Motel des 9 (chez Marineau)
3250, boulevard Ducharme
La Tuque
819 523-4551, 1 800 567-4551 ou
www.chezmarineau.com
Motel très bien tenu à l'entrée de La Tuque et à proximité des sentiers et des attraits touristiques de la région. On peut aussi y prendre un repas. Bon rapport qualité-prix.

La maison Claire-Fontaine
549, rue Saint-Joseph
La Tuque
819 523-8725 ou
www.gitescanada.com/
lamaisonclairefontaine
Situé à proximité des sentiers, ce joli gîte vous propose cinq chambres fort différentes les unes des autres. La chambre «La flamand» vous plonge dans une ambiance aux allures de l'époque des rois Louis de France. Copieux et délicieux petit-déjeuner bien adapté aux exigences alimentaires des marcheurs.

Centre Félix-Leclerc

La Tuque est la terre natale de notre plus grand chansonnier, le premier à avoir marqué les esprits en France : Félix Leclerc. Son père, Léonidas Leclerc, et son épouse, Fabiola, s'y installent en 1906 en provenance de Biddeford, dans le Maine. À l'époque, La Tuque est une petite mission peu habitée mais dont l'activité forestière, la drave et les chantiers, ainsi que le commerce des fourrures, en font un nouveau Klondike. C'est dans cette atmosphère que naît Félix. Chansonnier, poète, écrivain, dramaturge, telles sont les épithètes qui ont été attribuées à cet homme remarquable.
Parc des Chutes-de-la-Petite-Rivière-Bostonnais, route 155 (entrée sud de La Tuque), 819 523-5930

Rivière Mattawin
Bain à remous

UNE JOURNÉE SUR LA MATTAWIN, c'est bien. Mais deux, c'est mieux. Pour découvrir cette rivière qui coule au nord du parc national du Canada de la Mauricie, quoi de mieux, et surtout de plus rafraîchissant, que deux jours de rafting et une nuit de camping sur ses berges boisées ? Avec tous ses rapides de classe III et IV, on fait connaissance intimement avec elle le temps de dire « splash ». Ce cours d'eau sauvage traverse une dense forêt de résineux et de bouleaux. Les traces de civilisation sont de rares vestiges de l'époque de la drave sur ses rives. Les aventuriers qui souhaitent vivre l'expérience du rafting-camping peuvent compter sur la rivière Mattawin pour se faire laver... à l'eau douce.

Chaque vague, remous ou chute est l'occasion de prendre une douche. Et au cours des 30 km à descendre en 2 jours, l'action ne manque pas. Préparez-vous à traverser les rapides Machine à boules, Surfer, Geyser, Grande Chute et plusieurs autres. En plus des douches, certains rameurs prennent aussi un bain... lorsqu'ils passent par-dessus bord. « Un homme à la rivière ! » Rassurez-vous, on le sort sans mal de son « spa », et il est équipé d'un casque et d'une veste de flottaison, tous deux fournis. À la fin de la journée, ces sensations fortes n'auront servi qu'à ouvrir un peu plus l'appétit.

Au menu du soir : bœuf, saumon et légumes cuits sur la braise. Les portions sont généreuses. On en redemande. Le site de camping est isolé au bord de la rivière, les embarcations stationnées au pied d'un grand abri qui protège les rafteurs de la pluie et des maringouins. C'est aussi l'heure du souper pour ces derniers. Et ils ont faim, comme s'ils avaient fait du rafting toute la journée. N'oubliez pas l'insectifuge.

Repères Le forfait inclut tous les repas et l'équipement de rafting, sauf la combinaison isothermique qu'on peut louer sur place. On peut aussi vous prêter tente, sac de couchage et matelas de sol pour le camping.
Info : Centre d'aventure Mattawin
1 800 815-RAFT (7238) ou www.nouvelleaventure.qc.ca

Comment s'y rendre

Prendre l'autoroute 40 jusqu'à Trois-Rivières. De là, suivre les indications pour l'autoroute 55 Nord vers Shawinigan. À Grand-Mère, la 55 devient la 155 Nord. Le lieu de rendez-vous est l'auberge Mattawin, route 155, au bord de la rivière.

BRUNO LAMPOLET

BRUNO LAMPOLET

Le village englouti du lac Taureau

Lorsqu'on a commencé à harnacher
le Saint-Maurice de barrages hydroélectriques, il est devenu nécessaire d'y
maintenir un niveau d'eau constant
malgré les variations saisonnières. La
solution retenue a été de contrôler le
débit des affluents du Saint-Maurice,
comme la Mattawin. À la fin des années
1920, avec l'accord du gouvernement,
la Shawinigan Water and Power Co.
entreprend donc de créer un réservoir,
l'actuel lac Taureau, en construisant un barrage sur cette
rivière. Or, juste en amont se trouve Saint-Ignace-du-Lac, un
village de quelques milliers d'âmes bâti par les colons au
tout début du siècle. Les habitants doivent donc abandonner
leurs maisons, qui seront englouties à la fermeture des
portes du barrage en 1931. Aujourd'hui, on dit que là où
passait la rue principale, les vents portent encore le son
des derniers tintements des cloches de l'église.

Parc national du Canada de la Mauricie

L'aventure autrement

VOUS CHERCHEZ À VIVRE UNE EXPÉRIENCE hors de l'ordinaire tout en n'ayant pas à vous évader au bout du monde ? Au parc national du Canada de la Mauricie, les skieurs sont invités à vivre l'aventure autrement. L'idée est fort originale : les skieurs empruntent le même itinéraire que les canoteurs en été ; ainsi, ils peuvent suivre un trajet déjà balisé et profiter des emplacements de camping aménagés qui leur servent de camp de base pour la nuit. Il fallait y penser !

La belle aventure se déroule dans le spectaculaire secteur du lac Wapizagonke. Mais avant d'entreprendre cette chevauchée dans l'arrière-pays (où peu de gens ont accès l'hiver), vous devez vous inscrire, obtenir un permis auprès des instances du parc et réserver. Vous devez aussi démontrer que vous avez un minimum d'expérience en camping d'hiver. On ne part comme ça à l'aventure, en plein hiver, sur un coup de tête !

Vous devez avoir un traîneau pour accomplir cette escapade. Vous aurez à transporter tout votre matériel, incluant la tente, un sac de couchage hivernal, la nourriture, un réchaud ainsi que des vêtements de rechange. Vous pouvez dormir une seule nuit, histoire de vous initier en douceur, ou

encore skier plusieurs jours en empruntant les itinéraires de canot.

Les paysages sont grandioses en hiver, dans ce parc. Les spectaculaires chutes du lac Wapizagonke se transforment en palace de glace. Les parcours ne sont pas très difficiles, mais il y a tout de même quelques montées et descentes. Dans les plus grosses montées, il est préférable d'enlever ses skis et de monter à pied ou, idéalement, en raquettes. Les emplacements de camping où planter sa tente pour la nuit sont nombreux. Quelques-uns, situés sur des pointes, sont vraiment remarquables.

Repères Parc national de la Mauricie, entrée Saint-Mathieu-du-Parc, Route 351
Info : 819 538-3232 ou www.pc.gc.ca/mauricie

Comment s'y rendre

Prendre la 40 jusqu'à la sortie 180, à Yamachiche. Poursuivre sur la 153 Nord. À la sortie du village de Saint-Barnabé, tourner à gauche et continuer sur la 351. Poursuivre jusqu'à Saint-Mathieu-du-Parc et suivre la signalisation pour le parc.

DENIS MASSE

L'homme qui a vu l'ours

Denis Masse n'a pas seulement vu l'ours : il partage sa vie avec lui, profession oblige. Responsable de la gestion de la faune dans le Parc national du Canada de la Mauricie, il fait un suivi, depuis 1990, de la population d'ours qui fréquentent ce territoire. Il doit entre autres s'introduire dans des tanières et prendre des relevés, comme les mensurations de l'animal. Il procède également à des collectes d'échantillon sanguin en endormant le plantigrade à l'aide d'une seringue fixée au bout d'un long bâton.

Depuis le début du suivi, Denis Masse a visité pas moins de 130 tanières. Ces visites lui permettent également de compter les petits et d'évaluer ainsi leur taux de survie, qui s'avère bonne pour cette population estimée à environ 120 sur le territoire. Ce suivi de l'ours noir sur une aussi longue période est unique au monde.

MONTÉRÉGIE

L'appellation Montérégie doit son origine
aux collines qui émergent de la plaine et
que l'on appelle « montérégiennes ».
Les monts Saint-Bruno, Saint-Hilaire,
Rougemont, Saint-Grégoire et Yamaska
forment une ligne imaginaire entre l'île
de Montréal et les Appalaches.

GAÉTAN FONTAINE

73 MONTÉRÉGIE

RANDONNÉE PÉDESTRE — Vélo de route

Mont Rougemont
Tomber dans les pommes

À L'AUTOMNE, ON Y COURT, ON Y COURT... Le mont Rougemont est bien connu des amateurs de pommes quand vient le temps de les cueillir soi-même. Pourquoi ne pas en profiter pour le découvrir autrement que dans une file de voitures attendant son tour pour en faire le tour ?

Il faut l'aborder par la face sud... hors des sentiers battus. Rendez-vous à la cidrerie Michel Jodoin pour payer votre obole (2 $, et seulement pour les grands) avant de filer sur le terrain planté de fringants pommiers, au pied de la colline. Moins d'une heure suffira aux pattes alertes pour monter à flanc de colline (par le sud ou par l'est) et gravir les 110 m de dénivelé qui permettent de rejoindre gentiment, dans une nature vraiment sauvage, le sommet du mont Rougemont. Pas très haut (il culmine à 220 m), il n'en est pas moins surprenant. En route, on aura en effet profité de quelques belles vues sur les pommiers (en contrebas), sur les vastes plaines de la vallée du Saint-Laurent (ce qui n'est pas si fréquent) et sur les montagnes du Vermont, plein sud. Au retour, 3 km dans les jambes tout au plus, on n'oublie pas d'aller cueillir ses pommes et de goûter au cidre de glace de l'endroit... particulièrement le Rubis de glace, unique en son genre !

Au printemps, les pommiers fleurissent à la mi-mai et offrent aussi tout un spectacle !

Repères Cidrerie Michel Jodoin
1130, la Petite-Caroline, Rougemont
Info : 450 469-2676 ou www.cidrerie-michel-jodoin.qc.ca

Comment s'y rendre

Sortie 115 de l'autoroute 20 ou sortie 29 de l'autoroute 10, puis routes 133 et 112 jusqu'à Rougemont. Prendre le chemin la Petite-Caroline à gauche.

ANNE PÉLOUAS

Cyclistes demandés

Pas besoin d'être un cycliste au long cours pour se balader sur les circuits de la Montérégie : Canal de Soulanges, Îles-de-Boucherville, Canal-de-Chambly, Sentier du paysan (entre Lacolle et Châteauguay), Route des champs, Montérégiade ou Campagnarde… La région offre plus de 600 km de belles pistes, souvent asphaltées, dans un cadre bucolique. On traverse les champs, les marais, les parcs. On longe le fleuve, la rivière ou le canal… Carte gratuite des pistes cyclables en composant le 1 866 469-0069 ou au www.tourisme-monteregie.qc.ca/cyclotourisme

Quatre sommets pour le prix d'un

La région ne manque pas de parcs faciles d'accès (mont Saint-Bruno, Îles-de-Boucherville…). Celui du mont Saint-Hilaire, première Réserve de la biosphère au Canada, est toutefois un cas à part. Cette Montérégienne, née comme ses sept voisines de poussées de roches en fusion, est l'un des rares vestiges des immenses forêts recouvrant autrefois le sud du Québec. Géré par une organisation sans but lucratif affiliée à l'Université McGill (le Centre de la nature), le mont Saint-Hilaire offre 25 km de sentiers pédestres, 10 pour le ski de fond et 20 pour la raquette, à l'ouest du lac Hertel. Dieppe, le sommet rocailleux le plus au nord, domine une falaise que ne dédaignent pas les oiseaux de proie. Comme les autres (Rocky, Pain de sucre et Burned Hill), il n'est pas bien haut (400 m), mais il offre de très beaux panoramas vers l'ouest et le fleuve. Info : 450 467-1755 ou www.centrenature.qc.ca

nos trouvailles

Arbraska Rigaud
85, chemin Bourget
Rigaud
1 877 866-5500 ou
www.arbraska.com
Une «forêt des aventures aériennes», avec 100 jeux dans les arbres, dont un parcours extrême à plus de 20 mètres de haut. Ouvert même l'hiver.

Chouette à voir !
Centre de réhabilitation des oiseaux de proie
Saint-Jude
450 773-8521, poste 18545, ou
www.uqrop.qc.ca
Un site unique au Québec, avec présentation d'oiseaux de proie en plein air, volières de réhabilitation et sentiers d'interprétation.

La Maison amérindienne
510, montée des Trente
Mont-Saint-Hilaire
450 464-2500 ou
www.maisonamerindienne.com
Plus qu'un musée : un vrai lieu de culture vivante.

Le gîte à Claudia
923, 4e Rang Ouest
Saint-Simon-de-Bagot
450 798-2758, 514 953-0673 ou
www.domaine-st-simon.qc.ca
Une maison centenaire, des petits déjeuners bio, une écurie de pur-sang, le tout en terre très champêtre.

OUTAOUAIS

L'histoire écrite de la région débute en 1613, avec le voyage de Champlain au pays des Algonquins, alors que l'explorateur était à la recherche de la mer du Nord. Mais ce n'est qu'en 1800, avec l'arrivée du loyaliste américain Philémon Wright, que l'Outaouais connaît son essor.

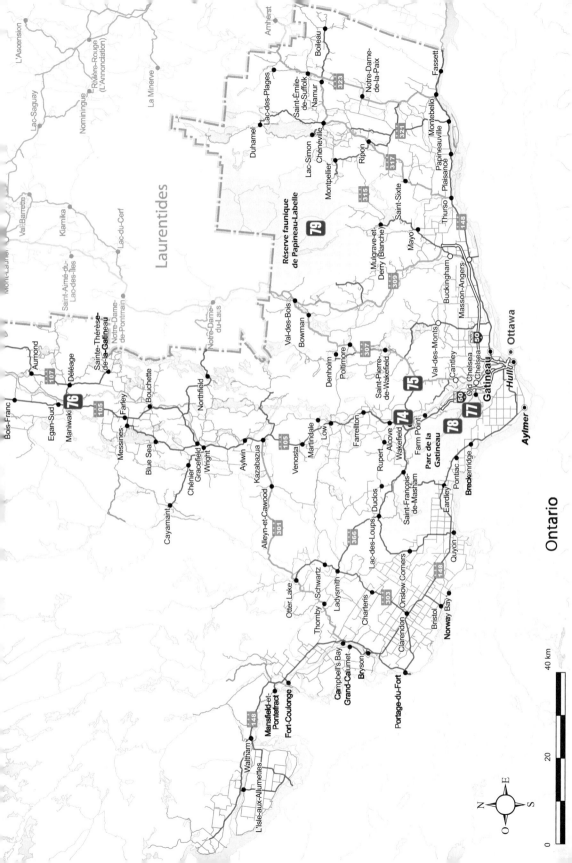

Carrière Morrisson

Heeeeeeeehaaa !

TOUTES LES RAISONS SONT BONNES pour faire le « grand saut » – ou ne pas le faire ! Mais lorsque le plus haut tremplin de bungee du continent se trouve dans notre cour, à deux pas de chez nous, à seulement 20 minutes de voiture de la capitale du Canada, l'occasion est belle de répondre à l'appel du vide et de donner la réplique dans ce dialogue viscéral, ne serait-ce qu'une fois dans sa vie ! À 61 m au-dessus de la carrière Morrisson, on peut transformer des secondes en éternité le temps de se métamorphoser en frisson… et d'y jouer les yoyos : la hauteur atteinte au premier rebond équivaut à celle des sauts les plus élevés permis en Amérique du Nord !

Comme si l'attraction, au moins gravitationnelle, n'était pas assez forte, la carrière est emplie du plus spectaculaire lagon au nord du tropique du Cancer – oui, oui, c't'au Québec ! Un étrange plan d'eau cobalt et turquoise, né de résurgences souterraines mises à nu par les machines des hommes creusant toujours plus profond en quête des fruits de la terre. Les experts de Great Canadian Bungee nous donnent toujours le choix d'y amerrir pieds ou tête devant, au gré des émotions recherchées !

Pour ceux qui n'arrivent pas à apaiser leur soif de transcendance ou d'adrénaline avec le bungee, on a installé une tyrolienne diabolique, la RipRide®, dispositif audacieux permettant une traversée fulgurante du lagon sur plus de 305 m ! Après les premiers 30,5 m, on *ride* à une vitesse de croisière qui atteint les 85 km/h.
Heeeeeeeeeeeehaaaaaaa !

Repères The Great Canadian Bungee Corporation et The Rock/carrière Morrisson : ouverts de mai à septembre. Forfait bungalow-rafting offert.
Tarif : 87 $ pour un premier saut.
819 459-3714, 1 877 828-8170
www.bungee.ca

Comment s'y rendre

De Gatineau, monter au nord sur l'autoroute 5 qui devient la route 105. À droite, entre Farm Point et Wakefield, des panneaux annoncent le site.

nos trouvailles

Auberge de mon petit chum
29, chemin Burnside
Wakefield
819 459-1814 ou
www.monpetitchum.com
Situé au cœur du village de Wakefield, à proximité du parc de la Gatineau, ce gîte trois soleils offre un séjour paisible dans un décor d'autrefois. Terrasse, cour aménagée et foyer extérieur mis à la disposition des visiteurs.

La Grange
37, chemin Rockhurst
Wakefield
819 459-3939 ou
www.lagrangecountryinn.com
Ce gîte a pignon sur rue dans une magnifique maison patrimoniale complètement rénovée.

Auberge Le Moulin
Wakefield
60, chemin Mill
Wakefield
819 459-1838, 1 888 567-1838 ou
www.wakefieldmill.com
Vieux moulin à grains datant de 1838, rénové en jolie auberge de 26 chambres très confortables. L'établissement est adjacent aux chutes McLaren.

Le saut du Nagol

Une légende de l'île Pentecôte, au Vanuatu, en ce coin magique du Pacifique qu'est la Mélanésie, raconte qu'à une époque immémoriale une femme se sauvant de son époux vert de jalousie s'est hissée jusqu'à la cime d'un banian. Elle en a sauté tête première pour fuir définitivement son mari qui la poursuivait. L'homme l'imita, réalisant trop tard qu'elle s'était attachée les chevilles avec des lianes pour arrêter sa chute quelques centimètres avant de toucher le sol… pas lui, le pauvre ! Des femmes de son village ont commencé à répéter son saut, sorte de manifestation de la solidarité féminine sur l'île, jusqu'à ce que les chefs le leur interdisent : c'est que chaque fois qu'elles s'exécutaient, raconte-t-on encore, un vent démment terrassait les arbres de la forêt, signe de la détresse de l'esprit de Tamalié, l'époux défunt de leur consœur. Le saut serait ainsi devenu l'apanage des hommes, à la fois un rituel initiatique de passage à l'âge adulte qui succède la circoncision des garçons et une cérémonie visant la fertilisation des champs d'ignames.

Une saucette

Le lagon de la carrière attire de nombreux plongeurs pour la limpidité de ses eaux et les attractions sous-marines qu'on y a coulées : un avion bimoteur, un bateau et des voitures. Les épaves sont commodément disposées à différents paliers de la route qui descendait jadis en colimaçon jusqu'au fond de la carrière, maintenant 49 m sous la surface du lac. Plusieurs forfaitistes de plongée offre le service.

75 OUTAOUAIS

HÉBERTISME AÉRIEN   Canot   Vélo de route

Caverne Laflèche

Entre cimes
et caverne

AVENTURE LAFLÈCHE S'AFFICHE comme le plus grand parc aérien en Amérique du Nord. On ne sait trop si c'est vrai, mais ce qui est sûr, c'est qu'il a été l'un des pionniers du genre au Québec et l'un des plus « autonomes » (sans affiliation à un réseau). Implantées aux alentours de la caverne Laflèche (et même en bonne partie au-dessus de ses boyaux et galeries creusés dans le bouclier canadien), les installations des jeux suspendus (82 au total) ne sont pas aussi flamboyantes que d'autres, mais leur petit côté artisanal n'est pas pour nous déplaire. Ici, on ne vous mâche pas le travail pour grimper aux échelles. S'il faut suer, suons donc… d'arbre en arbre, au gré de quatre beaux parcours pour adultes, joliment répartis dans une forêt mixte, typiquement laurentienne et très colorée à l'automne. Corde de Tarzan, échelles, passerelles de bois, filets et tyroliennes, rien n'y manque. On a un faible pour les deux tyroliennes géantes et extrêmes qui relient certains circuits du parc. Deux parcours sont réservés aux enfants de moins de 1,50 m.

On ne saurait trop vous inciter à compléter la demi-journée par une visite dans le tréfonds de la grotte, l'une des plus belles et des plus accessibles du Québec, avec ses 400 m de long. En hiver, de nombreuses stalactites et stalagmites de glace agrémentent le parcours guidé.

Repères Aventure Laflèche, à Val-des-Monts : site ouvert à l'année ; réservation obligatoire. Tarifs : de 20 à 33 $; forfaits famille et caverne-parcours aérien, auxquels s'ajoute la raquette en hiver.
Info : 1 877 457-4033, 819 477-4033 ou www.aventurelafleche.ca

Comment s'y rendre

À une trentaine de kilomètres de Gatineau, sur la route 307 Nord.

ANNE PÉLOUAS

Promenade suspendue

Vous avez aimé l'hébertisme aérien ? Pourquoi ne pas continuer dans la même veine tout en reposant vos muscles ? À Cayamant, dans la vallée de la Gatineau (en direction de Maniwaki), la Forêt de l'Aigle accueille les « promeneurs » écotouristiques pour une randonnée pédestre dans les hauteurs. Son sentier suspendu court dans une superbe pinède blanche, entre 6 et 20 m au-dessus du sol. Vingt et un trottoirs flottants et deux plates formes d'observation permettent, été comme hiver, d'admirer le paysage en profitant des connaissances d'un guide. Réservation requise. Un nouveau circuit de dix tyroliennes géantes zigzague au-dessus de la rivière Hibou.
1 866 449-7111, 819 449-7111 ou www.cgfa.ca

Canot-vélo au Parc national de Plaisance

Parc familial par excellence, avec camping, piscine creusée, rivière des Outaouais pour pratiquer le canotage autour d'îles et de presqu'îles, marais à visiter, oiseaux à observer et, surtout, superbes pistes cyclables reliées au réseau tout proche de la Route verte… Le parc s'est enrichi récemment de plusieurs yourtes pour l'hébergement et d'un ponton pour faire la navette (25 minutes) en travers de la rivière de la Petite Nation jusqu'à la presqu'île des Legault. Du coup, on peut enfin rejoindre les pistes cyclables du secteur de Thurso sans quitter la rivière des Outaouais des yeux tout en se payant 26 km de vélo aller-retour, sans compter les détours ! En juin, attention aux tortues qui pondent parfois en plein milieu de la piste.
1 800 665-6527, 819 427-5350 ou www.sepaq.com/plaisance

Maniwaki
Voguer en eaux pures

L'UN DES JOYAUX DE LA VALLÉE de la Gatineau, un paradis minéral, animal et forestier, le lac des Trente et Un Milles gît à une trentaine de kilomètres au sud-est de Maniwaki, ville qui rime habituellement avec pitounes et hommes forts, ou encore avec gros gibier et brochets, mais qui, avec le potentiel éco-touristique de la région, est en train de se bâtir une nouvelle réputation !

On s'en rend compte tout de suite à pagayer sur les eaux cristallines du Trente et Un Milles, les cailloux du bouclier canadien bien visibles par 10 m de fond. Partout sur le lac, on jouit d'un panorama intact et sauvage, formé d'îles, de baies et de monts recouverts de forêt mixte. Témoignant de l'importance et de la valeur du site, deux réserves écologiques jouxtent le lac : celles de l'Érablière-du-Trente-et-Un-Milles et celle du Père-Louis-Marie. Sa taille – le lac fait plus de 50 km de long – et ses dentelures invitent à l'aventure : canoéistes et kayakistes sont de plus en plus nombreux à en explorer les recoins, des jours durant, profitant des bivouacs aménagés sur ses berges. Et on y est en bonne compagnie : les cerfs de Virginie abondent (le plus grand ravage du Québec continental), ainsi que les orignaux, les perdrix et les emblématiques huards… concerts garantis !

Repères L'hôtel Château Logue offre toute l'année un service de location de vélos, kayaks, canots, raquettes et skis de fond.
Info : 819 449-4848, 1 877 474-4848 ou www.chateaulogue.com

Comment s'y rendre

De Gatineau ou d'Ottawa, prendre l'autoroute 5 Nord vers Maniwaki. Continuer sur la 105. À Maniwaki, prendre la rue des Oblats à droite. Au bout, tourner à gauche sur la rue Comeau.

Parc d'attraction géologique et spa des bois

De la jetée du camping municipal de Sainte-Thérèse-de-la-Gatineau, on n'est qu'à une heure de kayak de la baie Noire, à l'extrémité nord-est du Trente et Un Milles. Le labeur millénaire d'un affluent du lac a façonné les roches dolomitiques qui composent le sol de cette zone. Le tout a l'air d'un pont naturel qui se dresse tel un arc-en-ciel pétrifié au beau milieu de la forêt. On entend de loin l'écho des fracas incessants de la cascade qu'il enjambe. Plus bas sur le cours de ce même torrent, une petite piscine cylindrique sculptée avec le même procédé forme un bain à remous parfait. On peut s'y immerger pour laisser les bulles et le courant détendre ses muscles de kayakiste… comme dans un spa des bois!

Feu et forêt

Le vieux Château Logue, monument historique sur les rives de la Gatineau, en plein cœur de Maniwaki, abrite le Centre d'interprétation de l'historique de la protection de la forêt contre le feu. Constitué afin de célébrer le brio de la SOPFEU (Société de la protection des forêts contre le feu), le musée permet de comprendre «comment, au fil des siècles, ont évolué les relations entre l'homme, la forêt et le feu, comment aussi l'homme aura su faire preuve d'imagination pour assurer une meilleure protection de cette richesse collective qu'est la forêt».

nos trouvailles

Les Saveurs oubliées d'Okomis
235, rue Principale Sud
Maniwaki
819 441-3546
Ce restaurant, installé dans une ancienne demeure, est chaleureux et convivial. On y sert des produits locaux (fruits de mer et plats de pâtes, notamment).

Halte au village
4, chemin Principal
Sainte-Thérèse-de-la-Gatineau
819 449-1105
Voilà un douillet gîte touristique comme on les aime : confortable, tranquille et discret. Copieux petit-déjeuner en prime.

Château Logue
Hôtel-Golf-Resort
12, rue Comeau
Maniwaki
819 449-4848, 1 877 474-4848 ou
www.chateaulogue.com
Fine cuisine, cave à vin, golf de neuf trous, bar-terrasse, centre de santé, piscine intérieure, spa et sauna. L'établissement quatre étoiles par excellence.

Parc de la Gatineau
La fortune sourit aux audacieux

SI VOUS VOYEZ LES PARCOURS d'hébertisme aérien comme un jeu d'enfant, attendez-vous à être surpris ! Certains défis à relever sur les circuits s'avèrent carrément difficiles ! Et le Défi aérien Fortune, installé dans l'enceinte du parc de la Gatineau, ne fait pas exception. Un parcours de cinq zones cumulant une cinquantaine de jeux – ponts de corde, passerelles et tyroliennes – promet de faire vivre une bonne dose de sensations fortes aux grands enfants que nous sommes.

Certains jeux sont vraiment excitants : c'est le cas des planches suspendues sur lesquelles on doit marcher en épousant leur balancement au-dessus du sol ; ou encore du filet à grosses mailles dans lequel il faut cheminer ; et enfin, de la planche fixée sur un système à roulettes, sur laquelle on se laisse glisser en équilibre jusqu'à destination.

D'autres stations du parcours sont plus exigeantes, entre autres un passage – constitué d'étriers accrochés au bout d'une corde dans lesquels il faut engager ses pieds pour arriver de l'autre côté – qui s'étire sur deux heures et est particulièrement ardu. Pas d'affolement cependant : une corde de sécurité prévient en permanence les dérapages malencontreux et autres coups de fatigue intempestifs. On n'a qu'à lâcher la prise, et le harnais de sécurité prend le relais ! Entre-temps, les envolées sur tyroliennes procurent des moments de répit non négligeables… Avis aux familles : deux des cinq parcours s'adressent plus particulièrement aux enfants avec des jeux qui réclament moins de puissance dans les bras.

Au-dessus des érables et à quelques mètres du sol, le principe de l'hébertisme aérien permet d'avoir, sur la forêt, une perspective inédite et une approche ludique. De quoi garantir autant d'action que de contemplation.

Repères La taille minimale exigée pour participer au Défi aérien est 1,35 m. Tarif : 30 $ pour l'accès aux cinq zones. Le Défi aérien Fortune est ouvert en saison estivale seulement. Info : 819 827-5517 ou www.campfortune.com

Comment s'y rendre

D'Ottawa, prendre l'autoroute 5 Nord jusqu'à la sortie 12. Traverser Old Chelsea par le chemin du Lac-Meech, puis tourner à gauche en suivant les indications de Camp-Fortune.

Ski Fortune

La station de ski Camp-Fortune est l'une des plus anciennes du pays : les premières activités s'y sont tenues dans les années 1920. Le passage de certains grands noms du ski – et même de champions olympiques comme Anne Heggtveit – en fait aussi l'une des plus prestigieuses. Aujourd'hui, cette station affiche toujours sa vocation de centre de formation. Son académie de compétition propose des préparations à la compétition aux enfants de 5 à 12 ans ainsi qu'aux adolescents. Aux adultes, on offre des cours intensifs ou des leçons particulières de ski et de planche à neige. Enfin, des événements (compétitions de slalom double notamment) sont organisés tout au long de la saison hivernale.

Info : www.campfortune.com

78 OUTAOUAIS

VÉLO DE MONTAGNE

Vélo de route | Ski de fond

Parc de la Gatineau

Séance d'oxygénation

EN ARRIVANT AU BELVÉDÈRE Champlain, dans le parc de la Gatineau, on se réjouit devant la mine radieuse des cyclistes prenant une pause, l'œil rivé sur le panorama grandiose de la vallée de l'Outaouais, telle qu'on peut la voir du haut des 300 m de l'escarpement d'Eardley. Cette longue falaise marque la frontière géologique entre le bouclier canadien et les basses terres du Saint-Laurent. Le vélo de montagne se révèle le moyen parfait pour explorer le parc et découvrir toutes ses merveilles. Cap sur sa tour de feu, un autre belvédère avec vue aérienne sur la vallée de l'Outaouais !

Il y a de quoi s'en mettre plein les mollets et la tête, au parc de la Gatineau, avec un réseau de plus de 90 km de sentiers partagés ; conformément au code de conduite de l'Association internationale de vélo de montagne (IMBA) que préconisent les gestionnaires du parc, il faut toujours céder le passage aux piétons et maîtriser sa vitesse.

L'enclave de 360 km² (gérée par la Commission de la capitale nationale), consacrée à la pratique d'activités de plein air et à la conservation du patrimoine, est une mosaïque de collines touffues et de lacs impeccables. Et illustres, comme le lac Meech,

qui a presque inspiré les négociateurs constitutionnels de 1987, ou encore le lac Pink, plus émeraude que rose, qui se distingue tant par sa beauté que par son écologie. On y recense 1000 espèces de plantes, 60 essences d'arbres, 230 espèces aviaires, dont une quinzaine figurent sur la liste des oiseaux en péril du Québec ou du Canada, et 54 espèces de mammifères incluant le carcajou et la chauve-souris argentée. Pas si mal pour un site situé à 15 minutes de voiture du parlement de l'une des capitales du G8 !

Repères Les sentiers partagés du parc de la Gatineau sont ouverts au vélo de montagne du 15 mai au 30 novembre. Info : 1 800 465-1867 ou www.capitaleducanada.ca/gatineau

Comment s'y rendre

À partir du centre-ville d'Ottawa, prendre l'autoroute 5 jusqu'à la sortie Old Chelsea (sortie 12), en direction ouest jusqu'au chemin Scott.

Les plus de l'hiver

En hiver, le parc de la Gatineau se transforme en mecque du ski de fond avec presque 200 km de sentiers tracés, dont une centaine pour le pas de patin. La saison débute tôt étant donné l'aménagement de la promenade de 30,5 km (ces surfaces pavées requièrent très peu de neige pour être praticables). Le réseau comprend neuf relais de jour. Un réseau de sentiers balisés de 25 km peut être parcouru en raquettes, tandis que les sentiers de la Sucrerie, Laurriault et Des Pionniers, totalisant 10 km, sont damés pour faciliter la marche en hiver. Skieurs et randonneurs peuvent séjourner dans l'un des six refuges ou bivouacs situés dans le secteur nord du parc.
Info et réservations : 819 827-2020 ou 1 800 465-1867

Vision à deux roues

La région possède l'un des plus importants réseaux de voies cyclables d'Amérique du Nord, le Sentier de la capitale. De part et d'autre de la rivière des Outaouais, cyclistes, marcheurs et patineurs ont accès à 170 km de pistes ininterrompues, avec des ramifications reliant parcs, monuments nationaux et sites historiques. On peut aussi accéder à la ceinture de verdure, une zone protégée de 200 km² cernant la ville d'Ottawa. Tous les dimanches matin, du week-end de la Reine jusqu'à celui de la fête du Travail, on ferme à la circulation automobile 65 km de promenades pavées dont profitent les marcheurs et les cyclistes (programme Vélos-dimanches).

79 OUTAOUAIS

SKI DE FOND

Réserve Papineau-Labelle

À fond dans la réserve

DE LA SUPERBE NEIGE DE JANVIER à la mi-mars… ou peut-être de la pluie battante ! Dans la réserve faunique de Papineau-Labelle comme ailleurs, les hivers se suivent sans se ressembler, et il faut composer avec le temps qu'il fait au moment du départ. D'autant qu'une longue randonnée à skis ne s'improvise pas à la dernière minute, pour cause de réservation de « logis ». Mais le jeu du hasard météo en vaut toujours la chandelle, année après année.

La réserve occupe un immense territoire entre l'Outaouais et les Laurentides mais l'hiver, c'est par l'accueil Gagnon seulement, au nord du village de Duhamel, qu'on y pénètre. De là, on peut filer vers le nord-ouest en skiant sur une ancienne voie ferrée en terrain découvert, ou sur une piste qui serpente dans la forêt pour rejoindre la zone des refuges-chalets du grand lac Ernest (de 8 à 10 km). Les plus valeureux accèdent ainsi, à 18 km du départ, à une large boucle comptant trois chalets pour dormir.

Certains lui préfèrent le secteur du lac du Sourd, plein ouest, varié à souhait. De l'accueil, l'accès au grand refuge de L'Hôte est quasi direct si l'on suit l'ancienne voie ferrée jusqu'au lac Ernest avant de bifurquer vers le lac du Sourd (9 km), mais il y a moyen de s'épivarder dans les collines, via les pistes de la Devlin et de la Vasière, avant de toucher au but, 11 km plus loin. Un des circuits intermédiaires les plus intéressants incite à skier d'abord vers le sud sur la piste La Diable, en pleine forêt mixte. On joue

presque au rodéo sur cette piste bosselée qui finit en douceur pour atteindre le refuge du Diable, 7 km plus loin. Celui de la Savita, au bord du lac du Sourd, n'est alors qu'à 9 km sur un parcours assez facile, ce qui laisse du temps pour explorer le lac gelé. On rentre au bercail en faisant le tour du mont Devlin (454 m d'altitude), histoire de se donner quelques petites sensations fortes avant de longer tranquillement une jolie rivière.

Repères Un beau 120 km de pistes de ski de fond balisées mais non entretenues, avec 15 refuges. Réservation des refuges-chalets (pour 4 à 15 personnes, très spacieux, bien équipés, éclairage au gaz) au 1 800 665-6527. Possibilité de transport des bagages. Raquette autorisée sur tous les chemins non entretenus et les sentiers (hors pistes de ski) menant aux refuges. Info : 819 454-2011 ou www.sepaq.com

Comment s'y rendre

À 190 km de Montréal, via la route 148 vers Gatineau et la route 321 plein nord ou, plus rapide, par l'autoroute 40, puis par la route 17 vers Hawkesbury, en Ontario, et les routes 148 et 321, au Québec.

SEPAQ

Sur les traces de Labelle et de Papineau

Duo de choc pour une réserve faunique à cheval sur deux régions. Celle-ci doit son nom à Antoine Labelle, curé de son état à Saint-Jérôme ainsi qu'à Louis-Joseph Papineau, homme politique qui a marqué l'histoire du Québec lors de la rébellion de 1837. Pour en savoir plus sur celui dont on vante souvent les qualités de grand orateur et de visionnaire, on fait arrêt en plein cœur de Montebello pour visiter sa résidence seigneuriale, devenue le lieu historique national du Canada du Manoir-Papineau (500, rue Notre-Dame, Montebello, 1 888 773-8888 ou www.pc.gc.ca).

QUÉBEC

La ville de Québec est connue comme le berceau de la civilisation française en Amérique du Nord. Une ville unique. C'est aussi un territoire riche en nature qui comprend la Côte-de-Beaupré, la célèbre île d'Orléans, la superbe vallée de la Jacques-Cartier et la région de Portneuf.

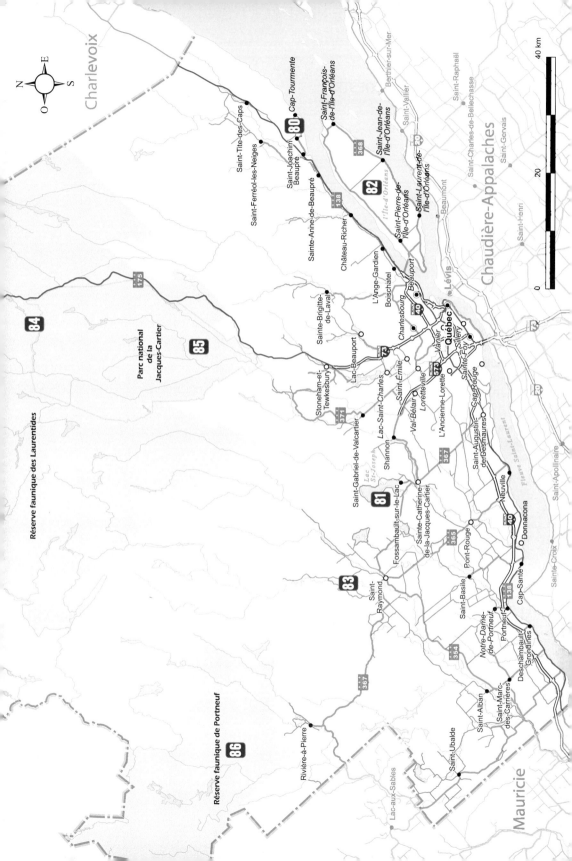

RANDONNÉE PÉDESTRE   Vélo de route

Cap Tourmente
Un riche patrimoine naturel

NOUS AURIONS AIMÉ QUE VOUS PUISSIEZ vous rendre en transport en commun jusqu'à la réserve nationale de faune du cap Tourmente, à Beaupré, mais malheureusement il n'y a aucun transport en commun qui dessert la Côte-de-Beaupré, où vit pourtant un bassin de population non négligeable… Étonnant! Il y a bien un petit transporteur privé qui va à Beaupré, mais seulement du lundi au vendredi, et son horaire est mal adapté. Nous vous suggérons donc d'y aller à vélo par l'historique avenue Royale, véritable route patrimoniale qui vous mène justement à Cap-Tourmente. Vu la distance à parcourir (une trentaine de kilomètres), vous pouvez en profiter pour passer une nuitée dans les environs.

La réserve du cap Tourmente, anciennement la propriété du séminaire de Québec (quelques bâtiments d'époque sont préservés), a été créée en 1969 afin de protéger l'habitat de la grande oie des neiges qui vient s'y ravitailler, surtout à l'automne. La réserve, premier site canadien à obtenir le statut de sites Ramsar (voir *Sites Ramsar* ci-contre), dispose d'un beau réseau pédestre de 20 km, de degrés facile à difficile. Une quinzaine de sentiers font dé-couvrir ce lieu unique dans un environnement bien particulier. En effet, pas moins de quatre unités physiographiques composent la réserve, soit le plateau laurentien, la plaine côtière, le marais intertidal et le marécage côtier. Ces unités, issues des manifestations glaciaires et postglaciaires, ont été remaniées par le climat, les marées et les vagues. Pour avoir une vue d'ensemble de ce riche patrimoine naturel, on emprunte le sentier La Cime (9,2km), qui monte à 450 m d'altitude, d'où on peut admirer un panorama exceptionnel.

Repères Réserve nationale de faune du cap Tourmente
Info : 418 827-4591 ou www.captourmente.com

Comment s'y rendre

Depuis Beauport, à vélo sur l'avenue Royale, puis sur le chemin du Cap-Tourmente jusqu'à l'accueil.

Sites Ramsar

En 1971 se tenait, à Ramsar, en Iran, la Convention relative aux zones humides d'importance internationale. Au Québec, quatre sites ont été désignés en vertu de cette convention, soit ceux des lacs Saint-Pierre et Saint-François ainsi que l'anse de L'Isle-Verte et le cap Tourmente.

Les sites désignés Ramsar doivent faire l'objet d'une protection officielle par les pays concernés. Au Québec, trois des sites retenus possèdent également le statut de «réserve nationale de faune» (comme celui du cap Tourmente) et sont gérés par le Service canadien de la faune. La superficie d'un site Ramsar n'est pas nécessairement identique à celle d'une réserve nationale de faune.

Marchez en club !

Le club de marche est une possibilité intéressante quand on n'a pas de voiture. En plus de se laisser conduire vers différentes destinations, on peut fraterniser avec d'autres randonneurs de tout acabit. De la simple promenade en groupe à la longue randonnée en montagne, il y en a pour tous les goûts.

Au Québec, les clubs de marche sont nombreux. Dans la plupart des régions, il est possible de se joindre à un club. Les déplacements se font en autocar ou en covoiturage.

Les clubs, forts de leur expérience, arpentent les plus belles montagnes du Québec, de la Nouvelle-Angleterre et de l'État de New York. Et ils vont parfois ailleurs.

Fédération de la marche : 514 252-3157, 1 866 252-2065 ou www.fqmarche.qc.ca

81 QUÉBEC

HÉBERTISME AÉRIEN

Vélo de route

Duchesnay
Une famille déchaînée

LA STATION TOURISTIQUE DUCHESNAY possède bien des attraits touristiques hivernaux, dont son luxueux « camping d'hiver » à l'Hôtel de glace et ses 70 km de pistes de ski de fond. Pour les trois autres saisons, on ne saurait trop vous conseiller (entre un tour de vélo sur la piste cyclable toute proche, une baignade dans le lac Saint-Joseph et une perte de repères dans son labyrinthe de bois) de filer dans les hauteurs… Le parcours D'Arbre en Arbre Duchesnay est discrètement installé dans une érablière à bouleaux jaunes, à flanc de colline, sur un terrain de 1 km². Un soin particulier a été apporté à la finition des installations pour les cinq parcours, dont un pour enfants de plus de 8 ans (au moins de 1,40 m, bras levés).

Ici, on vise une clientèle familiale, avec 72 jeux relativement faciles d'accès et 12 tyroliennes. Le parcours vert, côté sud, offre l'occasion d'apprivoiser son sens de l'équilibre et ses éventuels vertiges, avec échelles et passerelles sur poutres funambulesques, avant de passer aux choses sérieuses. Les circuits rouge et noir, quant à eux, sont plus longs que difficiles, avec des jeux plutôt originaux, dont un étonnant « surf des arbres » sur roulettes et une tyrolienne longue de plus de 100 m à travers la forêt. Un site coup de cœur : à mi-parcours rouge, côté nord, sous la cime d'un grand pin dominant le lac Saint-Joseph ! Au printemps et en automne, quand les arbres sont dégarnis, on profite de la vue et aussi de la tranquillité des lieux. En été, après un premier tour de piste, si l'envie vous prend d'y revenir, réservez votre place pour un parcours de nuit, guidé, à la lampe frontale !

Repères D'Arbre en Arbre, station touristique Duchesnay, Sainte-Catherine-de-la-Jacques-Cartier. Ouvert de mai à octobre, et sur réservation en avril et en novembre. Réservation recommandée en tout temps. Départ d'au plus 20 personnes toutes les demi-heures. Durée : de 3 h à 3 h 30.
Tarif familial et carte de fidélité.
Info : 1 866 444-3824, 418 875-4522 ou www.arbreduchesnay.com
Info touristique : www.portneuf.com

Comment s'y rendre

Autoroute 40, puis route 367 vers Saint-Raymond.

Piste
Jacques-Cartier/Portneuf

Elle n'a que 3 % de dénivelé (ex-voie ferroviaire oblige), mais elle ne manque pas de charme. La piste cyclable en poussière de pierre qui court sur 68 km entre Saint-Gabriel-de-Valcartier et Rivière-à-Pierre (avec accès continu au Corridor des Chemimots, vers Québec) est majoritairement en forêt. Elle est très bien pourvue en haltes et en services aux cyclistes… même si on a parfois l'impression d'être loin de tout. Dépaysement garanti et accès gratuit !
Info : 1 800 321-4992, 418 337-7525 ou www.portneuf.com

Île d'Orléans
Au rythme des insulaires

LORSQUE CHAMPLAIN APPROCHE de l'île d'Orléans la première fois, il est ébahi par sa splendeur. On ressent la même impression de nos jours ; se promener sur l'île, c'est un peu retourner aux origines de la Nouvelle-France. Pour découvrir ce site unique au rythme des insulaires, l'idéal est d'en faire le tour à vélo, ce qui donne une belle balade d'une cinquantaine de kilomètres. Partez à l'aventure avec le minimum de bagages et votre tente, et profitez-en pour camper sur le bord du fleuve avec vue sur mer.

Il y a sur l'île deux campings. Le premier est le camping de la pointe d'Argentenay, où seules les tentes sont admises. Ce site magnifique, tout en verdure, situé en bord de fleuve, est la propriété des Scouts du district de Québec. Avis aux amateurs de décrochage rustique ! Le second, le Camping Orléans, propose un autre univers axé sur un camping plus traditionnel équipé de multiples infrastructures. Quelques emplacements sont plus intéressants, bien que la promiscuité soit parfois de mise. En fait, beaucoup de gens viennent camper ici pour voir passer les paquebots et autres gros bateaux qui voguent à quelques centaines de mètres du camping, une activité intéressante à faire en famille.

Repères
Camping Orléans : 357, chemin Royal, Saint-François-de-l'Île-d'Orléans
Info : 418 829-2953 ou 1 888 829-2953 ou www.campingorleans.com
Camping de la pointe d'Argentenay : route d'Argentenay, Saint-François-de-l'Île-d'Orléans
Info : 418 829-3311 (en saison), 418 529-8884 (hors saison) ou www.scoutsdequebec.qc.ca/campingrustique.html
Info générale : www.iledorleans.com

Comment s'y rendre

De Québec, prendre la 138 Est jusqu'à Beauport ; traverser le pont pour ensuite poursuivre sur la route 368 qui fait le tour de l'île.

GAÉTAN FONTAINE

GAÉTAN FONTAINE

Foyer de la colonisation

L'île d'Orléans est fréquentée depuis des lustres. Les premières nations vont à l'île Minigo («l'ensorceleuse») pour leurs activités de pêche et de chasse. Son sol fertile attire rapidement les premiers colons d'origine française. L'île devient alors un des premiers foyers de colonisation de la Nouvelle-France. Véritable «jardin de Québec», elle fournit alors les citadins de la ville de Québec en fruits et légumes, en céréales et en produits de l'érable. Encore aujourd'hui, on considère l'île d'Orléans comme le berceau de l'Amérique française.

nos trouvailles

La Petite auberge
1706, chemin Royal
Saint-Jean-de-l'Île-d'Orléans
418 829-2522
Mignonne petite auberge dans une maison ancestrale qui se dresse fièrement au cœur du village de Saint-Jean, à quelques pas du quai. Panier festif pour le petit-déjeuner.

Auberge Chaumonot
425, avenue Royale
Saint-François-de-l'Île-d'Orléans
418 829-2735, 1 800 520-2735 ou
www.aubergechaumonot.com
Charmante auberge dans un cadre enchanteur à quelque distance du fleuve. Terrasse exceptionnelle.

Vignoble Isle de Bacchus et la Maison du vignoble
1071, chemin Royal
Saint-Pierre-de-l'Île-d'Orléans
418 828-9562 ou
Domaine patrimonial datant de 1710 regroupant cave à vin et cuverie souterraine, avec visites guidées. Des quatre vignobles de l'île, l'un est producteur de liqueur à base de cassis.

Parc maritime de Saint-Laurent
120, chemin de la Chalouperie
Saint-Laurent-de-l'Île-d'Orléans
418 828-9672 ou
www.parcmaritime.ca
À une époque pas si lointaine, on construisait plus de 400 chaloupes par année au village de Saint-Laurent. La chalouperie du Parc maritime de Saint-Laurent est un endroit pour toute la famille où il fait bon nous remémorer notre patrimoine maritime, trop souvent méconnu.

Vallée du Bras-du-Nord

Bras dessus, bras dessous

LORSQU'ON DÉCOUVRE POUR LA PREMIÈRE FOIS le panorama depuis le belvédère de la yourte… les bras nous en tombent ! La vallée est immense et verdoyante, flanquée de hautes falaises. Le Bras du Nord de la rivière Sainte-Anne y déroule paresseusement ses limpides méandres. Longtemps le secret le mieux gardé de la région de Portneuf, ce lieu est devenu un attrait touristique majeur. La création d'une coopérative de solidarité a permis de concerter tous les intervenants et de préparer une offre grosse... comme le bras !

Au total, 75 km de sentiers attendent les randonneurs, dont une soixantaine sont affiliés au sentier national. En hiver, on les emprunte en raquettes et on pratique aussi l'escalade de glace (de façon non officielle) à la « mer de glace », une paroi remarquable.

Une passerelle suspendue permet aux promeneurs du dimanche de traverser la rivière pour aller admirer l'étonnante chute Delaney, qui coule en cascades sur 150 m. Les randonneurs plus aguerris feront comme nous et choisiront le forfait rando-dodo-canot. L'expérience débute avec une randonnée de 6 km. On passe la nuit au refuge en bois rond Le montagne Art. Le lendemain, 12 km de marche et un coucher sous la Yourte (belvédère adjacent époustouflant). Le surlendemain, après une marche de 6 km le long de la rivière, on retourne à la voiture par la rivière, en canot ou en kayak ; 17 km – superbes – à se couler douce au fil du courant, avec quelques passages d'eau vive pour ajouter du piquant.

Repères La coop de solidarité La Vallée du Bras-du-Nord propose en été des forfaits de randonnée pédestre, de canot, de kayak et de randonnée équestre ; et en hiver, de la raquette de montagne et de l'escalade de glace.
Info : 1 800 321-4992 ou www.valleebrasdunord.com

Comment s'y rendre

Autoroute 40 jusqu'à la sortie 281, puis route 365 Nord jusqu'à Saint-Raymond. Traverser le pont et suivre les indications pour le bureau d'accueil touristique, au 100, avenue Saint-Jacques.

GILLES MORNEAU

GILLES MORNEAU

Les bras raides

La région est farcie de sentiers propices
au vélo de montagne. Un important
réseau est en voie d'aménagement, qui
en fera d'ici quelques années une destination incontournable. Pour un bon
aperçu de ces sentiers, rien de mieux qu'un raid, surtout
quand il est bien organisé comme le Raid Extrême Bras du
Nord. Au programme : l'ascension vers les plateaux par
l'infâme côte à Ti-Oui, une traverse de rivière à gué et
quelques descentes qui vous feront dresser le poil sur les
bras. Info : www.raidbrasdunord.com

Fondue au bleu

Un petit arrêt à la Fromagerie Alexis de Portneuf s'impose
avant de se concocter un bon souper. Faire chauffer 375 ml
de cidre et la moitié d'un oignon haché fin. Ajouter progressivement 600 g de gruyère râpé. Incorporer 1 c. à soupe de
fécule de maïs diluée dans 2 c. à soupe de poire Williams.
Poivrer, ajouter les fromages bleus (150 g de Bleubry et
150 g de Fourme d'Ambert, en petits cubes) et la moitié
d'une poire hachée fin.

199

SKI DE FOND

Forêt Montmorency
Un incontournable

LE CENTRE DE SKI de fond de la forêt Montmorency est considérablement favorisé par l'altitude. À près de 800 m sur les sommets laurentiens, la forêt reçoit ses premières neiges très tôt en saison. Déjà, à la mi-octobre, les premiers flocons traînent l'hiver dans leur sillage. De plus, ce centre est le seul, au Québec, qui dispose d'un système d'enneigement artificiel. Pas surprenant qu'il soit devenu un incontournable pour les skieurs « hâtifs » et les coureurs de tout l'est du continent nord-américain, qui viennent s'y entraîner avant la saison des compétitions en Europe. Précisons toutefois que la piste de 10 km, enneigée artificiellement, sert prioritairement aux coureurs à l'entraînement. Après les fêtes, cette piste de compétition unique au Québec est accessible au grand public.

Mais le cas de la forêt Montmorency est plutôt singulier. En effet, cette belle forêt de 66 km² sert de cour d'école aux étudiants en foresterie de l'Université Laval. Ce centre d'enseignement et de recherche a formé plusieurs des meilleurs ingénieurs forestiers du Québec. Les fondeurs ont ainsi le privilège de skier dans une forêt expérimentale où prédomine la sapinière à bouleaux blancs. De beaux arbres en perspective.

Les pistes sont variées. On y trouve aussi bien des pistes sinueuses en forêt que de larges autoroutes pour le pas de patin. Le terrain est tout aussi varié, si bien que le niveau de difficulté diffère d'une piste à l'autre. L'entretien des pistes est top qualité et la neige, surabondante ! On skie rarement sur le klister dans ce coin de pays. Voilà, vous savez maintenant où amorcer votre saison de ski avant tout le monde !

Repères Forêt Montmorency (réserve faunique des Laurentides) Route 175 Nord
Info : 418 656-2034 ou www.fm.ulaval.ca/accueil.asp

Comment s'y rendre

Depuis Québec, prendre la 73 et poursuivre sur la 175 jusqu'à la forêt Montmorency.

GAETAN FONTAINE

GAETAN FONTAINE

Terres d'histoire

François de Montmorency-Laval, premier évêque de Québec, était propriétaire des terrains limitrophes de la forêt Montmorency qui, aujourd'hui, honore son patronyme. Plus tard, à la suite de la conquête, le territoire occupé par l'actuelle forêt Montmorency est devenu une concession forestière appartenant à la société Anglo Canadian Pulp and Paper Mills Limited. En 1965, ces hautes terres ont été concédées à l'Université Laval pour la recherche et l'enseignement des sciences forestières.

nos trouvailles

Camp Mercier
418 848-2422 ou
www.sepaq.com
Conditions d'enneigement :
418 848-1037
On ne présente pas davantage ce centre de ski, l'un des plus réputés du Québec, niché au cœur de la Réserve faunique des Laurentides. Il offre 70 km de pistes entretenues et tracées, dont 58 km sont consacrés au pas classique, et 12 au pas de patin. On y pratique aussi la raquette.

Hébergement à la forêt Montmorency
418 846-2046
www.sepaq.com
Au pavillon central, on peut loger dans des chambres doubles ou triples. Le chalet boréal accueille des groupes de 10 à 18 personnes. Il y a également neuf refuges en forêt.

RAQUETTE | Observation de la nature

Parc national de la Jacques-Cartier

En noir et blanc

C'EST UNE DE CES JOURNÉES sans soleil, sans couleur, en tons de blancs et de gris. Une journée bien triste en ville, une journée magique dans la vallée. Hormis un rideau de neige défilant de haut en bas, le paysage est figé, comme une ancienne carte postale. Pas un brin de vent, pas un son. La neige fine et dense tombe comme du sucre en poudre, confisant chaque branche d'arbre. Droit devant, pointue comme un volcan, se dresse la montagne de l'Épaule, haussant son unique épaule, indifférente à notre présence ou à la beauté de la scène. Ces jours de neige et de sucre à glacer sont fréquents au cœur du parc national de la Jacques-Cartier, et propices à de mémorables randonnées, sac au dos et raquettes aux pieds.

Nous quittons le voisinage de la rivière pour nous attaquer à cette montagne, aussi baptisée l'Éperon. Du premier belvédère, nous apercevons en plongée le chalet Kernan – où nous avons passé la nuit –, parfaitement lové au creux d'un méandre de la rivière. Un peu plus haut, un peu plus loin, la vue donne sur l'autre versant de la montagne, où coule la rivière à l'Épaule. Déjà, nous frôlons le sommet et amorçons la descente. Des sections recouvertes d'une croûte dure donnent de la misère aux moins bien cramponnés.

Fort bien tracé et parfaitement balisé, ce sentier n° 5 traverse une superbe sapinière à bouleaux jaunes. Nous faisons de belles rencontres : d'immenses épinettes et de majestueux merisiers, plus que centenaires, heureusement épargnés par les coupes forestières de l'époque avant-parc.

Une fois revenus sur le plancher des orignaux, nous prenons le chemin du retour sur les glaces recouvrant la rivière à l'Épaule, en contournant rochers et cascades. Dès janvier, cette rivière devient « raquettable ». En cas de redoux ou en début de saison, on emprunte le sentier qui la longe, bien connu et apprécié des cyclistes de montagne l'été. À la sortie de la piste, une roulotte de chantier nous attend, où le poêle à bois séchera nos vêtements pendant que nous casserons la croûte. Plus tard, nous ferons aussi une pause au Godendart, ce magnifique refuge en bois rond construit dans la plus pure tradition scandinave.

Repères L'hébergement se décline du simple camping au chalet tout équipé, avec transport des bagages facultatif. Une fois les 22 km de sentiers de raquettes explorés, on peut simplement marcher sur les sentiers de motoneige bien durcis pendant 11 km, ou encore s'attaquer au réseau de ski nordique, qui fait 55 km. Ouvert de mi-décembre à mi-mars.
Info : 418 528-8787 (hiver) ou www.sepaq.com/pq/jac/fr

Comment s'y rendre

La vallée est située au km 74 de la route 175, à moins de 40 km au nord de Québec.

GILLES MORNEAU

Affronter l'hiver, mais comment ?

Le parc national de la Jacques-Cartier a une double person-nalité : un côté chaleureux et un côté givré. L'écosystème de la forêt mixte laurentienne se trouve au creux de la vallée, tandis que, en haut des falaises, les grands plateaux sont le domaine de la forêt boréale. Le climat est plus doux dans la vallée, réchauffée par le soleil et protégée des vents du nord-est. En bas, il tombe chaque année 4,7 m de neige ; en haut, 6 m ! En bas, 60 nuits sans gel par année ; en haut, une quarantaine... Brrr !

Le parc est un des seuls endroits au Québec où on retrouve les trois cervidés : les cerfs se tiennent au sud dans la vallée, les orignaux sont partout et des caribous, venus du parc national des Grands-Jardins, les visitent à l'occasion sur les plateaux. Couguars, lynx et loups cohabitent avec eux. Chaque espèce animale ou végétale adopte sa propre straté-gie pour s'adapter aux particularités de l'hiver. Ça vous inté-resse ? C'est exactement ce que Pierre, le guide-vedette du parc, raconte avec «Affronter l'hiver, mais comment ?», une randonnée guidée de 2,5 km.

SKI DE FOND · Raquette · Glissade

Réserve faunique de Portneuf
De lac en lac

LA PLUPART DES RÉSERVES FAUNIQUES du Québec, à l'écart des sentiers battus, sont encore un peu « négligées » par les gens de plein air, sous prétexte qu'elles servent d'abord de territoires de chasse et de pêche…

La réserve de Portneuf, à égale distance de Québec et de Trois-Rivières (40 km au nord-ouest de Saint-Raymond), n'échappe pas à la règle. Pourtant, l'endroit est idéal, particulièrement l'hiver, pour un séjour amical ou familial, avec 20 chalets confortables et un environnement extrêmement propice aux activités familiales (petite patinoire et glissade d'enfer) !

Deux sentiers de raquette de 3,5 km chacun partent du Relais des Belles-de-jour et celui de la Pêche, près du lac Travers. Pour le ski de fond, la réserve compte une soixantaine de kilomètres de pistes non tracées et autant qui sont bien entretenues. La moitié de ces dernières sont dans le secteur du lac Travers. Le niveau de difficulté y est bas, ce qui en fait une piste idéale pour ceux qui s'entraînent comme pour les débutants. Dès l'entrée Talbot, on peut aussi chausser ses skis, mais la piste n'est pas la plus intéressante. Du Relais Talbot, on préférera suivre la piste B (12 km) qui longe une petite rivière jusqu'au lac Stein. On passe alors en surplomb d'un grand chalet avant d'entamer une boucle de 8 km en forêt, qui transite par cinq lacs. Le retour au soleil couchant est superbe !

Au bord du lac Travers, zone de hauts plateaux, une très courte randonnée comme une plus longue sont possibles. Du Relais de la Glissade, on a aussi la possibilité de suivre un circuit de 14,4 km (par les pistes E et D). Après 8 km presque en bordure du lac, on monte et on descend jusqu'à une bonne côte qui permet de rejoindre le Relais de la Coulée creuse… tout petit, tout mignon, en forme de wagon de train et avec une vue impressionnante sur les sommets environnants. Puis on redescend doucement vers le Relais des Belles-de-jour pour finir en bondissant jusqu'à la glissade !

Repères Réserve faunique de Portneuf
229, rue du Lac-Vert, Rivière-à-Pierre
Info : 1 800 665-6527, 418 323-2021 ou www.sepaq.com

Comment s'y rendre

De Montréal : autoroute 40 Est (sortie 254); route 354 Est jusqu'à Saint-Raymond, puis route 367 Nord vers Rivière-à-Pierre.
De Québec : autoroute 40 Ouest (sorties 295 ou 281); route 367 ou 365 Nord jusqu'à Saint-Raymond, puis route 367 Nord.

Festival de films sur l'environnement

Il fallait le vouloir : organiser un « Festival de films de Portneuf sur l'environnement » dans un petit village à l'écart des grandes routes, entre Trois-Rivières et Québec ! Saint-Casimir l'a fait… et ce festival unique en son genre en est même à sa cinquième édition en 2008. On ne saurait trop vous conseiller d'aller y faire un tour en avril. Info : 418 339-3222 ou www.ffpe.ca

Rivière-à-granit !

Rivière-à-Pierre porte bien son nom… Le petit village tout de gris vêtu est la capitale du granit, et ses carrières sont réputées de par le monde. Les piliers du pont de Québec et la citadelle de la Vieille Capitale ont été construits avec ses pierres. Dans le village même, on a évidemment exploité à plein le filon : l'intérieur de l'église, le cimetière et le presby-tère figurent parmi les plus beaux exemples d'utilisation de la ressource locale. Un centre d'interprétation du granit est installé dans une ancienne tour à feu, près de la mairie.

SAGUENAY–LAC-SAINT-JEAN

Ce territoire de même envergure que la Belgique abrite une population qui aime la vie et le manifeste avec énergie. Cette terre d'histoire a été habitée bien avant l'arrivée des Blancs par les Innus (Montagnais) qui faisaient commerce avec les peuples sédentaires du sud de l'estuaire. En hiver, le Saguenay–Lac-Saint-Jean se révèle en grand. Fleuve, fjord, rivières et forêts y déclinent leurs charmes puissants sur fond de neige folle.

DESTINATION BORÉALE

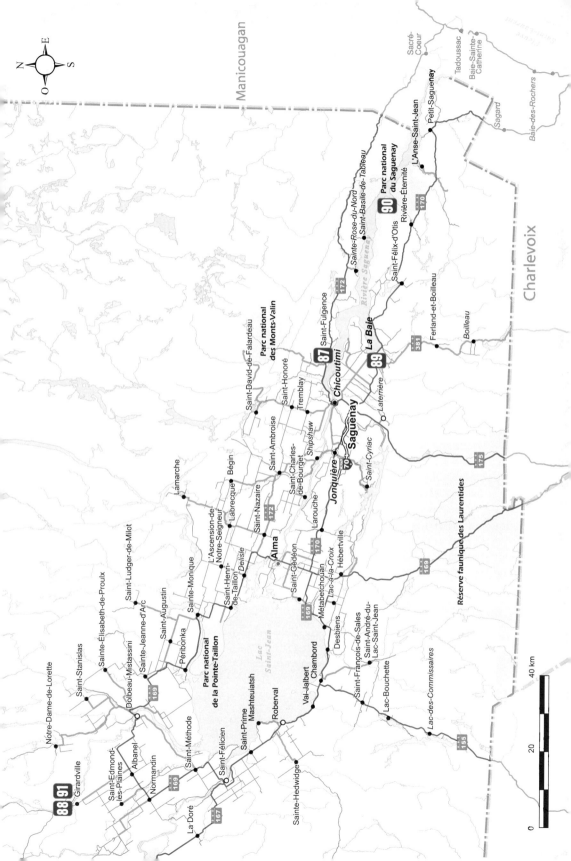

Saint-Fulgence
Pleins feux sur le fjord

POUR CE «PARCOURS ENTRE LES ARBRES» qui a été en 2002 l'un des pionniers au Québec et qui a connu dès le départ un succès fulgurant, un seul mot d'ordre : voir le fjord du Saguenay le plus souvent possible. Les cinq circuits, dont un pour « petits aventuriers » et quatre autres à difficulté progressive, ont été installés à flanc de montagne, laquelle plonge parfois littéralement dans le fjord. On n'en finit pas de profiter des points de vue tout en passant d'un jeu à l'autre, au beau milieu d'une forêt de grands pins rouges centenaires.

L'activité est propre au Parc Aventures Cap Jaseux, créée par une coopérative locale de solidarité, qui a mis un point d'honneur à préserver sa riche nature, tant au sol que dans les airs. Le Parcours entre les arbres compte 73 ponts-défis ou jeux aériens qui s'étalent sur plus de 800 m avec, pour finir, une tyrolienne de 150 m qui permet de regagner la terre ferme. On peut aussi, l'été, participer à une sortie de nuit à la lampe frontale. Mais le clou de la journée, c'est de rester dans les airs pour y dormir. Deux maisons ont été construites dans les arbres, à 10 m du sol. Grâce à elles, on peut prolonger les plaisirs « canopéens » par une douce nuit bruissante d'aiguilles de pins chatouillées par le vent…

Repères Parc Aventures Cap Jaseux, chemin de la Pointe-aux-Pins, Saint-Fulgence. D'autres activités sont aussi proposées, dont une via ferrata, du kayak de mer, du rafting et de la voile. Camping, cabines rustiques en bois rond et maisons dans les arbres pour l'hébergement.
Info : 1 888 674-9114, 418 674-9114 ou www.capjaseux.com

Comment s'y rendre

De Chicoutimi ou Tadoussac par la route 172.

ANNE PÉLOUAS

NATHALIE SCHNEIDER

Les bélugas de la baie

Lieu de rendez-vous des bélugas, cette baie est accessible par la route 172, via l'entrée du parc du Saguenay, entre Sacré-Cœur et Sainte-Rose-du-Nord. Pour les kayakistes, l'accès à la baie est en principe interdit, et mieux vaut passer plus au sud pour éviter de déranger les bélugas qui s'y regroupent parfois en grand nombre. Le secteur Baie-Sainte-Marguerite du parc du Saguenay offre un superbe poste d'observation de ces sympathiques baleines blanches, à la pointe de la baie, avec belvédère sur le fjord. Près du camping, le Centre de découverte et de services Le Béluga abrite une expo interactive qui lui est entièrement consacrée.
418 272-1556 ou www.parcsquebec.com et www.parcmarin.qc.ca

Sainte-Rose-du-Nord

On l'aime de tous bords tous côtés, cette « perle » du fjord ! En cours de longue randonnée de kayak de mer, c'est une halte de choix et, en voiture sur la rive nord du fjord, l'arrêt est quasi obligatoire. Le petit village pittoresque jouit d'un cadre merveilleux, dans une anse du Saguenay. La rue de la Montagne conduit au camping local, celui de la Descente-des-Femmes, et à un sentier pédestre dominant… le fjord.
418 675-2250 ou www.ste-rosedunord.qc.ca ;
camping : 418 675-2380

Girardville

Traîneau
sans chiens

UN NOUVEAU SPORT D'HIVER ? Que non ! La trottinette des neiges existe depuis longtemps et nous est arrivée de Scandinavie où elle sert encore de moyen de transport écologique sur les lacs et les routes gelés, voire sur des sentiers forestiers enneigés. Cette trottinette hivernale, pliable et ne pesant que six kilos, a fait son entrée au Québec il y a quelques années grâce à Jacques Verrier. Installé dans la campagne de Girardville, l'homme en fabrique trois beaux modèles en acier ou en bois, version moderne ou traditionnelle, montée sur skis ou sur patins, selon qu'on veuille tester le produit sur neige ou sur glace. Version sportive dans tous les cas, dans le style « jogging assisté », requérant un bon cardio et des jambes en forme pour vivre l'aventure à plein rendement.

Sur le plat d'un lac ou d'un sentier, on pousse d'un pied ou de l'autre en se reposant de temps en temps quand on peut profiter un peu de la glisse. En descente, la trottinette se conduit comme un traîneau à chiens… sans chiens, en gardant les deux pieds sur les skis et en négociant les virages par transfert de poids sur l'un ou l'autre. En montée, on court en poussant sa trottinette ! Pour s'initier ou partir en randonnée dans la région de Girardville, on « court » à la base d'Aventuraid (10 km de sentiers) ou au Domaine et sentier sauvage Ouasiemska (de 4 à 12 km de pistes).

En version estivale, la « cyclotrottinette », aussi fabriquée à Girardville, est encore plus étonnante. Une grande roue à l'avant, une petite à l'arrière, sans pédalier ni selle. L'un des modèles est équipé d'un microprocesseur (avec batterie) qui multiplie et emmagasine la puissance de la poussée, permettant ainsi de se reposer et d'aller plus loin… comme un vélo électrique !

Repères Trottinette.ca (Jacques Verrier)
2020, rang du Rapide, Girardville
Info : 418 258-3716 ou www.trottinette.ca

Comment s'y rendre

À partir de Trois-Rivières, emprunter la 55 Nord qui devient la 155 Nord. Au bout, prendre la route 169 Nord jusqu'à Albanel.
À Albanel, virer sur le 5e Rang Nord, qui devient le rang Saint-Joseph Sud. À partir de Girardville, emprunter le rang Saint-Joseph Nord, puis le rang du Rapide à gauche, après la rivière Ouasiemsca.

Chanter avec les loups

Il fallait bien l'accent chantant d'un Marseillais comme Gilles Granal pour amadouer des loups du nord! Ceux du parc Mahikan vivent en semi-liberté derrière un grand grillage, aux yeux de tous les curieux. On peut dormir au gîte au son de la meute, faire de la trottinette, de la raquette, du traîneau à chiens ou de la motoneige.

Aventuraid et parc Mahikan, Girardville : 418 258-3529 ou www.aventuraid.qc.ca

nos trouvailles

Aventure sur la route des fourrures
633, 4e Rang
Normandin
418 274-5470 ou
www.routedesfourrures.ca
Cours d'initiation ou longue randonnée équestre pouvant durer jusqu'à trois jours. Circuits en plaine ou en forêt, jeux d'apprenti cow-boy.

Auberge Île-du-repos
105, chemin de l'Île-du-Repos
Péribonka
418 347-5649 ou www.iledurepos.com
Sur un site magnifique, à l'embouchure de la rivière Péribonka, une auberge style jeunesse, avec 70 places en chalets, en dortoir ou en chambres privées. Également camping rustique.

Presqu'île du parc national de la Pointe-Taillon
835, 3e Rang Ouest
Saint-Henri-de-Taillon
418 347-5371 ou
www.parcsquebec.com
15 km de plage en sable fin, tout en minéraux et très chaud pour les pieds l'été ; 45 km de sentiers pédestres et cyclables, en plus de l'accès à un lac de 1100 km² !

Val-Jalbert
95, rue Saint-Georges
Chambord
1 888 675-3132, 418 275-3132 ou
www.valjalbert.com
Village historique au pied de la chute Ouiatchouan, sentier pédestre de 6 km, camping avec piscine.

Forfait «Dormir avec les caribous»
Zoo sauvage de Saint-Félicien
2230, boulevard du Jardin
Saint-Félicien
1 800 667-5687, 1 418 679-0543 ou
www.borealie.org
Observation-interprétation guidée ; coucher en tente prospecteur (du printemps à l'automne).

89 SAGUENAY—LAC-SAINT-JEAN

BAIN SCANDINAVE | Raquette | Pêche blanche

La Baie

Plongeon dans les glaces

ENFIN UNE EXPÉRIENCE DE PLEIN AIR vraiment originale ! Un minuscule sauna surchauffé, installé dans une cabane en bois à même la glace du fjord du Saguenay… un grand trou (noir) dans l'épaisseur gelée… une échelle brinquebalante pour descendre (deux ou trois fois) dans l'eau salée… une « cage » pour empêcher le baigneur de tomber dans les profondeurs… une petite cabane pour se changer, se reposer, manger un peu…

Le bain scandinave dans le fjord a de quoi séduire ceux qui aiment déjà le principe du bain nordique, qui fait passer du très chaud au très froid, entre autres pour détendre le corps après une bonne balade en skis de fond ou en raquettes alentour. Et quel cadre pour ce faire, dans la belle anse à Benjamin, adossée à la péninsule du cap à l'Ouest, non loin du village terrien de La Baie et de celui – fjordien – des cabanes à pêche blanche montées chaque hiver sur la glace ! L'organisme Odyssée 02 gère ce petit site qui comprend quelques cabanes pour pêcher. L'été, place à la randonnée pédestre ou au kayak de mer, qu'on peut pratiquer dans le fjord, avec guide ou par ses propres moyens, à partir de la marina de La Baie.

Repères Odyssée 02
9323, chemin de la Batture, La Baie (Saguenay)
Info : 418 815-7831 ou www.odyssee02.com
Activités hivernales de fin décembre à fin mars ; réservation requise.

Comment s'y rendre

À partir de Québec, emprunter la 73 Nord, qui devient la 175. Poursuivre sur la 170 Est. Face à la baie des Ha ! Ha !, à La Baie, prendre la route à gauche longeant la rive jusqu'à la marina.

ANNE PÉLOUAS

ANNE PÉLOUAS

Rando-raquette

Pour «visiter» la péninsule du cap à l'Ouest, il faut emprunter l'été le sentier Eucher. À 1,5 km, on parvient à une croix, puis au cap Rasmussen, à 9 km du départ en longeant la baie des Ha! Ha!, avec navette possible pour le retour. En hiver, le même sentier est tout aussi féerique, mais mieux vaut être chaussé de raquettes pour l'emprunter car, au Saguenay, il neige !
Odyssée 02 propose, sur réservation, de coucher en quinzi sur le site. On y dort comme un bébé dans un air frais propice aux rêves ! En version nettement plus sportive, on construit soi-même le quinzi. À deux, il faut compter de deux à quatre heures de bonne suée, selon la forme des protagonistes.

Pêchons en blanc

Rue de la Morue, rue de la Sébaste, rue du Turbot… Dans la baie de La Baie seulement, quelque 700 cabanes sont réparties en trois villages de pêche blanche. Ils ont leurs rues, leurs routes, leurs camions et leurs motoneiges sillonnant la glace. Certains vivent tout l'hiver dans leur cabane ; d'autres y passent seulement une journée de temps en temps. Chaque année, les propriétaires font la queue pendant des jours sur la rive pour pouvoir le jour dit transporter leurs maisonnettes jusqu'aux emplacements désignés. Cette drôle de transhumance n'est autorisée que lorsque la glace atteint 12 pouces. Quand le dégel s'amorce, en mars, tout le monde rentre à la maison.

Parc national du Saguenay
L'Éternité ou rien

LE PARC NATIONAL DU SAGUENAY, qui s'étend sur les deux rives du fjord du même nom, réserve toujours des surprises à ses visiteurs. Après avoir arpenté de long en large, gros sac sur le dos, ses sentiers de ski nordique entre Rivière-Éternité et L'Anse-Saint-Jean, rien de tel qu'une courte randonnée en raquettes pour se reposer. Depuis l'an passé, on peut se rendre jusqu'à la baie Éternité depuis la route principale du parc par un très sympathique sentier qui suit les méandres de la rivière. D'où son nom très évocateur de « sentier de la rivière et des méandres à falaises ». Pourquoi faire court quand on peut faire long ?

Comptez 7 km depuis l'entrée « hivernale » du parc, dont 4 sur la route d'été. C'est après que le sentier vaut vraiment le détour. Il suit peu ou prou la rivière Éternité qu'on ne voyait quasiment pas auparavant. Qu'elle est jolie, cette rivière, avec ses berges rocailleuses, encaissée dans une vallée profonde au début, puis toute en larges méandres à l'approche de la baie ! Ce quasi-torrent a un fort débit qui l'empêche de geler, et les gros rochers qui le bordent se transforment, l'hiver, en sculptures de glace. Vers la fin du sentier, la rivière retrouve son calme avant de se jeter bien gentiment dans le fjord. En raquettes, on l'aura parfois perdue pour épouser une courbe du terrain, traverser une clairière ou contourner un bosquet de conifères chargés de neige, mais on la retrouve vite, et quel plaisir de faire une pause sur une plateforme aménagée en admirant son long cours ! Au bout du sentier, le nouveau petit camp rustique Les méandres permet de dormir face à la baie Éternité, l'une des plus belles de la région.

Repères Parc national du Saguenay
91, rue Notre-Dame, Rivière-Éternité
Info : 1 800 665-6527 ou www.parcsquebec.com
Sentier de raquettes et camp rustique ouverts de décembre à mars ; navette possible et pêche blanche dans la baie.

Comment s'y rendre

Emprunter la 138 jusqu'à Saint-Siméon. De là, prendre la route 170 jusqu'à Rivière-Éternité, puis la route du parc à droite.

ANNE PÉLOUAS

À l'assaut des Murailles !

Du ski nordique à son meilleur, sur pistes non tracées et en terre sauvage dans l'arrière-pays du Saguenay… Sans tambour ni trompette, la Coop 4 Temps de L'Anse-Saint-Jean – qui gère désormais le sentier des Murailles (100 km pour le ski de fond ou la raquette) – a drôlement bien amélioré le circuit. On peut partir de un à cinq jours et, en longue randonnée, on couche facilement en route. Le camp Dagenais, près de Petit-Saguenay, est le premier ou le dernier point de chute du circuit, comptant trois tentes prospecteur entièrement refaites et qui – dit-on – n'ont plus rien à voir avec les premières, qui étaient très rudimentaires. Pour commencer ou finir la randonnée, le beau refuge du lac Emmuraillé (géré par la Sépaq) est toujours là.
Sentier des Murailles, L'Anse-Saint-Jean : 418 272-1110 ou www.coop4temps.com

La montagne du Saguenay

Bien que peu connue, la station de ski alpin Mont-Édouard est l'une des plus belles du Québec. Avec ses 450 m de dénivelé et ses 31 pistes pour tous les calibres, ce mont domine l'intérieur des terres du Saguenay, près de L'Anse-Saint-Jean, et offre même, de son sommet, une vue sur le fjord. La station compte aussi 12,6 km de sentiers de raquettes et sert de point d'entrée éventuel pour le circuit de ski de fond et de raquettes des Murailles.
Station Mont-Édouard : 67, rue Dallaire, L'Anse-Saint-Jean ; 418 272-2927 ou www.montedouard.com

SAGUENAY—LAC-SAINT-JEAN

RAQUETTE | Canot-camping | Kayak

Rivière Mistassini
Oasis nordique

DE GIRARDVILLE, IL FAUT FILER LONGTEMPS vers le nord dans l'arrière-pays du Lac-Saint-Jean, dans le rang Saint-Joseph, un sentier de gravelle qui voit passer bien des camions hors normes chargés de bois, avant d'approcher de cette… «oasis de la chute Blanche». Et il faut encore la mériter un peu en chaussant ses raquettes!

Il fait bien froid ce jour-là, vaguement au nord du 50e parallèle. Pour nous réchauffer, rien de tel qu'une courte balade à pied en zone forestière sur un sentier vallonné qui mène à un joli campement de tentes prospecteur, avec tipi-salon, installé en bordure de la rivière Mistassini. Nos hôtes, Alain et Céline, sont aux petits oignons, côté cuisine. Le soir, le thermomètre affiche −32°, mais nous dormirons comme des loirs! Au matin, nous partons nous balader en raquettes à même la rivière qui s'élargit pour former quasiment un lac. La chute Blanche, classée au septième rang des plus belles du Québec, barre l'horizon. Le site est magnifique, dans une vallée entourée de montagnes. Nous nous en approchons prudemment car, au bas de ses 35 m, c'est tout un tourbillon… La zone est réputée pour la pêche blanche mais, ce jour-là, pas de prise au bout de l'hameçon!

De retour, une centaine de kilomètres plus au sud, au Domaine de la rivière Mistassini (qui propose cette sympathique escapade nordique), nous pourrons profiter des activités sur place. Un chalet rustique en zone isolée et cinq plus luxueux sont offerts en location. L'hiver, il est facile de faire du ski de fond et de la raquette alentour ou de profiter d'une superbe patinoire aménagée en forêt.

Repères Domaine de la rivière Mistassini
2235, rang Saint-Joseph Nord, Girardville
Info : 1 888 343-3345, 418 258-3345 ou
www.domainedelarivieremistassini.com

Comment s'y rendre

À partir de Trois-Rivières, prendre la route 55 Nord, qui devient la 155, puis la route 169 Nord. Après Albanel, prendre le 5e Rang Nord, qui devient le rang Saint-Joseph Sud jusqu'à Girardville, puis le rang Saint-Joseph Nord.

DESTINATION BORÉALE

DESTINATION BORÉALE

De la forêt à la table

Trente-deux kilomètres de champignons. Au Domaine de la rivière Mistassini, on voit les choses en grand! Tout un aménagement agroforestier a été réalisé à l'ombre des pins gris qui attirent comme un aimant un certain champignon sauvage et comestible : la russule orangée. Il n'y a plus qu'à la récolter en août et en septembre ; la manne est, paraît-il, incroyable. Sur place, toute l'année, on peut acheter des champignons séchés très savoureux…

Trois grandes rivières où canoter l'été

Mistassini, Ouasiemsca, Samaqua… Deux de ces rivières nordiques se jettent dans le lac Saint-Jean, et la troisième est un affluent de la Mistassini. Pour les adeptes du canot et du kayak, quels beaux terrains de jeux d'eau! Si la Ouasiemsca plaît aux plus aguerris, les deux autres sont faciles à canoter. La Mistassini est la seule pour laquelle existe un vrai circuit aménagé, celui des «Mistassins», avec campings et toilettes sèches. Il démarre à la chute Blanche, au km 112, pour finir juste au nord de Girardville.
Circuit des Mistassins : info, carte, forfait, navette disponibles auprès du groupe Destination Boréale (www.destination boreale.com) ou du Domaine de la rivière Mistassini (www.domainedelarivieremistassini.com)

ONTARIO

La province voisine recèle de nombreux secrets trop bien gardés. Façonnés par l'eau, le vent et l'histoire, les paysages uniques de l'Ontario varient des rivières arctiques aux plages dorées, des affleurements rocheux aux forêts anciennes. Et la capitale nationale a un charme fou.

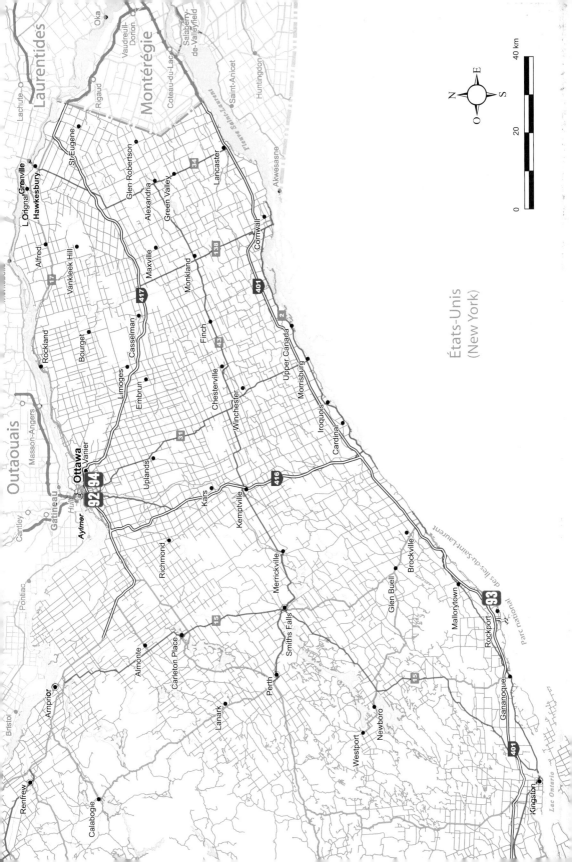

Ottawa
VÉLO, en lettres capitales

PEU DE VILLES CANADIENNES PEUVENT s'enorgueillir de posséder un tel réseau de pistes cyclables à leurs portes! L'appellation «sentiers récréatifs» serait plus appropriée; en effet, s'ils se prêtent parfaitement bien à la bicyclette, ces sentiers s'empruntent également en patins à roues alignées ou à pied… et en skis de fond l'hiver. En tout, les sentiers de la Capitale totalisent 170 km de réseau primaire serpentant d'Ottawa à Gatineau, le long de la rivière des Outaouais, de la rivière Ottawa et du canal Rideau.

Une petite gâterie qui fait toute la différence: on peut démarrer sa randonnée n'importe où à partir du centre-ville. Le réseau passe de musées en jardins, tout au long d'une route champêtre. Dès le printemps, les cyclotouristes sont invités à pédaler sur cinq parcours thématiques (Route des musées, Route des festivals, Routes des tulipes, etc.) en suivant les pictogrammes qui les représentent.

La grande force de ce réseau cyclable, c'est qu'il est interconnecté: une vingtaine de sentiers rejoignent quelque 50 km de sentiers cyclables qui traversent le parc de la Gatineau. L'actuelle piste devrait être reliée à un autre réseau de 55 km dans la ceinture de verdure, autour d'Ottawa (20 km seront complétés d'ici la fin de 2008).

Riche, la capitale nationale? Assurément, mais surtout dotée d'une certaine vision et d'un dynamisme remarquable quant à son offre touristique. Avis à ceux qui voient encore Ottawa comme une

ville rétro, conservatrice (pas seulement au sens politique) et plate: chaque dimanche matin depuis 30 ans, la circulation automobile est interrompue en ville sur les promenades de la Reine-Elizabeth et des Outaouais (de 9 h à 13 h) ainsi que dans le parc de la Gatineau (de 6 h à 11 h). Le mobile? Laisser passer les cyclistes qui participent fidèlement à l'événement vélos-dimanches.

Repères La carte de ces sentiers («Au pays du vélo») est offerte à la Commission de la capitale nationale, mais elle est aussi accessible en ligne. Les vélos-dimanches Alcatel ont lieu tous les dimanches matin (sauf le 29 mai), de la fin de semaine de la Journée nationale des Patriotes (ou fête de la Reine) à celle de la fête du Travail. On peut aussi en profiter en patins à roues alignées. Horaires, parcours et cartes: www.capitaleducanada.gc.ca/velo

Comment s'y rendre

Ottawa est à environ 200 km de Montréal, via l'autoroute 417 Ouest. Le train et l'autobus sont des moyens pratiques de s'y rendre.

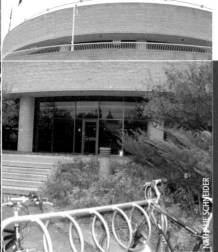

NATHALIE SCHNEIDER

NATHALIE SCHNEIDER

La vie après la guerre

Ne passez pas à côté du fascinant Musée canadien de la guerre dédié à l'une des pages déchirantes de l'histoire du pays. À travers 13 000 œuvres d'art, c'est toute l'histoire humaine qui se décline sur fond de drame mondial. À ne pas manquer : les portraits de soldats au crayon signés Elaine Goble ainsi que les peintures de style BD exécutées sur de la tôle d'avion. Mais surtout, il faut se promener dans ce fascinant et tout récent édifice que l'architecte Raymond Moriyama (un Japonais qui a passé quelques années dans un camp de prisonniers canadien) a conçu pour inspirer l'instabilité et la confusion de la guerre. Murs, planchers et balustrades de guingois suscitent un sentiment de malaise, quand ce n'est pas un franc mal de cœur. La bâtisse illustre également le concept de la régénération ; la déclinaison de verts qui tapissent le sol et les murs rappellent la végétation qui renaît sur les champs de bataille.

Info : 1 800 555-5621 ou www.museedelaguerre.ca

VÉLO DE ROUTE | Kayak | Croisière | Observation des oiseaux

Parc national des îles du Saint-Laurent
Fleuve nature

DE CORNWALL À KINGSTON, le « couloir » du Saint-Laurent est très encombré : des îles et encore des îles ! Les parcs du Saint-Laurent, gérés par la province ontarienne, regroupent plusieurs zones naturelles faciles d'accès depuis l'autoroute 401. Certains possèdent des « aires de jour », mais plusieurs ont un camping familial sur la rive ou sur les îles. L'un des plus beaux, surtout en début et en fin de saison, est celui du Sanctuaire des oiseaux migrateurs Upper Canada, entre Cornwall et Morrisburg.

Son petit « camping de la nature » est installé sur l'île Nairne, accessible en auto. On se réveille au son des oiseaux piailleurs et des cornes de brume des gros bateaux… De là, on peut partir en canot ou en kayak explorer les îles alentour, se baigner à la plage ou prendre sa bicyclette pour se balader au hasard des chemins ou sur la belle piste qui démarre au centre d'interprétation. Quelques kilomètres de cette piste en direction de Cornwall sont asphaltés, ce qui en fait un lieu idéal pour le patin. Attention aux tortues qui dorment parfois sur la piste ! À bicyclette, on peut aller beaucoup plus loin, jusqu'à Cornwall d'un côté, en filant à travers les îles ou sur la rive, et jusqu'à Morrisburg de l'autre côté, en traversant le village historique d'Upper Canada. C'est à pied, sur 8 km de « sentiers de la nature », qu'on voit le plus d'oiseaux. En période de migration, les bernaches y élisent domicile et ne sont guère farouches. Pour les ornithologues et les amateurs de belles plantes sauvages, les plus beaux sentiers du parc sont ceux du Héron bleu (en zone marécageuse), du Carouge, de l'Érable et du Cèdre. Les chiens en laisse sont les bienvenus.

Repères Info touristique : www.1000islands.on.ca ou www.gananoque.com
Parc national des Îles-du-Saint-Laurent (Canada) : 1 800 839-8221 ou www.pc.gc.ca
Parcs du Saint-Laurent (Ontario) : 1 800 437-2233 ou www.stlawrenceparks.com

Comment s'y rendre

De Montréal, prendre l'autoroute 20 Ouest, puis l'autoroute 401 qui longe quasiment le Saint-Laurent, avec sorties vers Rockport, Gananoque ou Kingston.

Croisière obligatoire

Une fois n'est pas coutume : on lâche vélo, canot ou kayak pour une excursion-incursion au pays des Mille-Îles et on ne sera pas déçu. Elles sont, en fait, 1850 îles à former ce chapelet, qualifié de «jardin du grand esprit» par les Iroquois. Restes d'anciennes collines qui reliaient autrefois le bouclier canadien aux Adirondacks, elles occupent une zone géologique appelée «arche» ou «axe de Frontenac». Leur particularité a été reconnue en 2002 par l'Unesco, qui leur a accordé le statut de réserve mondiale de la biosphère. Quelques-unes seulement, comme Wolfe et Howe, sont habitées à l'année et reliées à la terre par un traversier. En dehors de celles qui forment le parc national des Îles-du-Saint-Laurent, la majorité des îles sont privées, et ce n'est que par la voie des eaux (avec des croisières de une heure à une journée complète, au départ de Kingston, de Gananoque ou de Rockport) qu'on peut les approcher. De somptueux manoirs y sont érigés, héritage de la vocation de villégiature de la région pour de riches Américains et Canadiens du siècle passé.

Un parc dans les Mille-Îles

Le parc national des Îles-du-Saint-Laurent est le plus petit et le plus ancien parc du Canada à l'est des Rocheuses. Il compte un site sur la rive, près de Mallorytown, mais surtout 24 îles et 90 îlots entre Brockville et Kingston (on y accède en canot, en kayak ou en bateau à moteur, et il est possible de camper et de pique-niquer sur plusieurs). De Gananoque, l'archipel des îles Admiralty n'est pas loin. On y découvre cinq îles avec camping, sans compter de plus sauvages, comme Mermaid ou Thwartway. Plus à l'ouest, à hauteur de Kingston, deux îles seulement – Cedar et Milton – font partie du parc. La tour Cathcart, grande fortification défendant Kingston au XIXe siècle, se trouve sur l'île Cedar. À l'est de Gananoque, l'île Mulcaster est un véritable arboretum naturel.

PATIN Ski de fond

Ottawa

La mecque

DÈS QU'ON MET LE PATIN SUR le canal Rideau, la magie opère. L'ambiance, toujours bon enfant, s'ajoute au bonheur de renouer avec l'activité physique connue de tous les Canadiens d'un océan à l'autre. La plus grande patinoire naturelle du monde, selon le Guinness World Records, n'en finit plus de s'étirer. Elle s'étend sur 7,8 km à partir du centre-ville d'Ottawa, longeant la promenade Colonel-By jusqu'aux écluses Hartwell, près de l'Université Carleton. Cette longueur a été établie il y a plus de 20 ans à l'occasion d'une course de vitesse dans le cadre du défi international Jack Barber, événement tenu de 1982 à 1986. La surface entretenue (165 621 m²) équivaut à plus de 90 patinoires de hockey de dimension olympique.

La première saison de patinage sur le canal Rideau remonte à 1970-1971. C'est Douglas Fullerton, président de la Commission de la capitale nationale de 1969 à 1973, qui a eu l'idée de déneiger la surface de glace du canal Rideau. Lors de la deuxième saison d'exploitation de la patinoire, des chalets ont été installés sur la glace, mais ils ont tous fini par couler ! Depuis, les chalets sont soutenus par des assises en gravier et des charpentes afin de ne pas dépendre uniquement du soutien de la glace. Et le rituel continue, année après année. À la mi-octobre, Parcs Canada draine le canal Rideau en ouvrant les vannes aux écluses d'Ottawa, près du Château Laurier. En quelques jours seulement,

les rampes d'accès pour les véhicules, les abris et les autres installations sont mis en place avant que les poutres soient installées aux écluses et que le niveau d'eau soit relevé à la hauteur requise pour le patinage. Ensuite, les équipes affectées à l'entretien s'occupent d'installer les escaliers, l'électricité, la plomberie et le reste de l'infrastructure. Il faut de 10 à 14 jours consécutifs de température froide (entre −15 °C et −20 °C) afin d'obtenir une épaisseur de glace sécuritaire pour les patineurs.

Ne vous reste plus qu'à profiter d'une expérience sans pareille.

Repères La patinoire du canal Rideau suit les aléas de la température. Elle est habituellement ouverte du début janvier jusqu'au début mars. Location de patins et de traîneaux sur place. Chalets chauffés et toilettes sur ou près de la patinoire. Stationnements bien indiqués et facilement accessibles. Info : 1 800 465-1867 ou www.capitaleducanada.gc.ca/patinoire

Comment s'y rendre

À partir de Montréal, autoroute 40 en direction ouest. À la frontière de l'Ontario, la 40 devient la route 417 Ouest. Filer jusqu'au centre-ville d'Ottawa. Suivre les indications en direction du parlement. Le kilomètre 0 de la patinoire est à la jonction de la rue Rideau et de la rue Sussex, tout près du pont Mackenzie-King.

COMMISSION DE LA CAPITALE NATIONALE

Un joyau national

Le réseau de ski de fond du parc de la Gatineau est reconnu comme l'un des plus importants en Amérique du Nord. Avec près de 200 km de sentiers tracés et entretenus, on a l'embarras du choix. Les amateurs du pas de patin sont particulièrement choyés avec plus de 150 km de pistes aménagées. Le principal poste d'accueil est situé à Chelsea, mais on trouve 15 stationnements répartis un peu partout dans différents secteurs. Le parc compte neuf relais et six refuges. Particularité intéressante de ce parc centenaire : plusieurs panneaux d'interprétation sont placés le long des sentiers afin d'indiquer l'origine de plusieurs noms utilisés aujourd'hui dans le parc. Un trajet de 12 km qui part du stationnement du centre Asticou et emprunte le sentier n° 5 puis le sentier n° 15 jusqu'au lac Pink offre une très belle vue sur le lac et le centre-ville d'Ottawa et se boucle en sillonnant le sentier Promenade de la Gatineau.

nos trouvailles

Miss Chocolat
173, promenade du Portage
Gatineau
819 775-3499 ou
www.misschocolat.com
Miss Chocolat, c'est Nathalie Borne. Non seulement elle fait des chocolats, mais elle partage sa passion en offrant des ateliers aux adultes et aux enfants.

Azteca
41, rue William
Ottawa
613 241-6050 ou
www.calendarioazteca.ca
Un restaurant mexicain digne de mention au beau milieu du marché By. Ambiance sympathique et très bon rapport qualité-prix.

Le Château Montebello
392, rue Notre-Dame
Montebello
819 423-6341 ou
www.fairmont.com/fr/montebello
Ancien club privé, le plus grand hôtel en bois rond du monde règne au cœur d'une majestueuse seigneurie du XVIIe siècle. Le brunch du dimanche matin est franchement délirant.

Fairmount Kenauk
1000, chemin Kenauk
Montebello
1 866 540-4419 ou
www.fairmont.com/fr/kenauk
Un territoire fabuleux qui abrite un immense terrain de jeu et 70 lacs. Les 13 chalets « rustiques haut de gamme » sont magnifiques. Site sauvage à explorer en skis hors piste ou en raquettes.

■ NEW HAMPSHIRE et NEW YORK

Avec ses montagnes Blanches, le New Hampshire est l'un des plus beaux États américains limitrophes du Québec. Ce large territoire renferme également de nombreux lacs et une bande côtière qui plonge dans l'océan. Quant à l'État de New-York, il abrite le Parc des Adirondacks, la plus vaste aire protégée publique des États-Unis (Alaska exclu). Une nature rêvée pour le plein air !

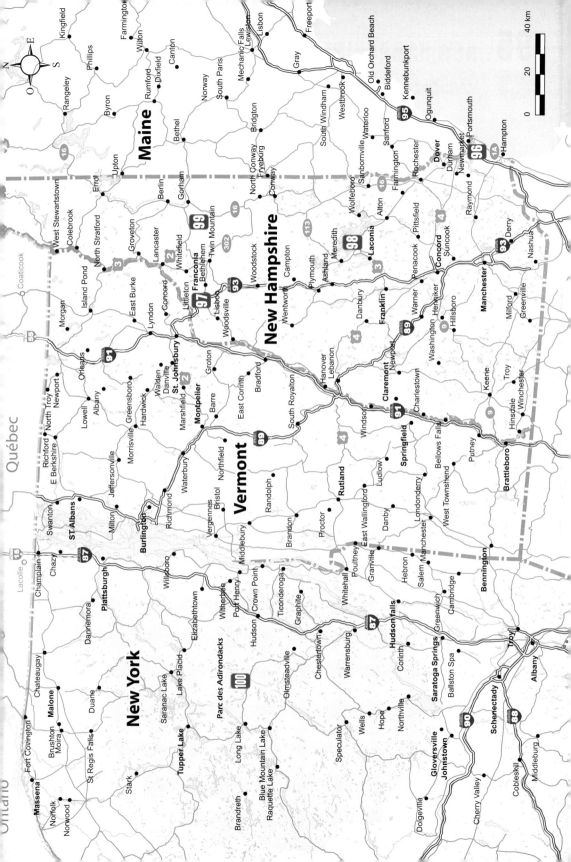

Chaîne présidentielle
Madison, Adams et Jefferson

LA CHAÎNE PRÉSIDENTIELLE est composée de dix des plus hauts sommets des montagnes Blanches (plus de 1200 m). Petit tour sur trois d'entre eux, les plus au nord de la région : Madison, Adams et Jefferson.

On peut faire l'aller-retour dans la journée pour les monts Madison (1636 m) ou Adams (1760 m), mais on rate alors une expérience « *hut* » (voir *L'expérience* hut ci-contre). Le départ se fait au bord de la route 2. On monte au Madison Spring Hut (6 km, environ 4 h) par le sentier Valley qui grimpe gentiment en forêt, du moins au début. Passé le terrain de camping, un panneau indique qu'on entre dans une zone de haute montagne où la prudence est de règle. Le refuge est niché au creux d'un col, près du mont Madison, tout en pierraille. En 30 minutes, délesté des bagages, on atteint son sommet battu par des vents violents et glacials. On ne regrette pas d'avoir apporté sa tuque et ses gants de laine même en plein été ! Le panorama au sud est époustouflant : un cirque rocheux à ses pieds, le mont Washington superbement dégagé, la vallée de la rivière Peabody à gauche, la crête qui mène aux monts Adams, Jefferson et Washington à droite.

Au lendemain, le vent n'a pas faibli, au contraire. C'est à l'abri toutefois qu'on grimpe en une heure, dans un désert de pierre, jusqu'au sommet du mont Adams. Ensuite, un sentier plus facile suit la crête du Jefferson Ravine. On atteint le mont Jefferson en 3 h 30 pour un peu plus de 4 km de trajet, avec arrêts obligatoires pour profiter de la vue sur le cirque glaciaire de Tuckerman Ravine (paradis du ski extrême) et des sommets environnants. On peut redescendre illico à l'auto ou passer une deuxième nuit au Madison Hut. Le plus beau sentier pour le retour est l'Air Line.

Repères Réservation en *hut* :
603 466-2727 ou www.outdoors.org

Comment s'y rendre

Randonnée au mont Madison : autoroute 91 jusqu'à Saint Johnsbury, puis route 2 Est. Passé Jefferson et avant Randolph, stationnement Appalachia de l'Appalachian Mountain Club.

Du luxe à Crawford Notch

Cette expérience un peu chère en vaut la chandelle. Le Highland Center, vaste centre montagnard de l'Appalachian Mountain Club construit selon les règles de l'art environnemental, avec hébergement, cuisine santé et activités, est situé dans un cadre grandiose. Les activités guidées quotidiennes en font un endroit idéal pour les gens seuls qui veulent faire de la montagne en toute sécurité. L'aménagement des 34 chambres, des meubles à la literie, est signé L.L. Bean. En logeant sur place, on a accès gratuitement à un choix incroyable d'articles de plein air : des bottes de randonnée aux bâtons en passant par les raquettes, sacs à dos, tentes ou sacs de couchage pour passer une nuit ailleurs.
Route 3 Nord (sortie 35 de l'autoroute 93), puis route 302 Est jusqu'à Crawford.
603 466-2727 ou www.outdoors.org

L'expérience *hut*

Le *hut* américain tient plus de l'auberge de haute montagne que du refuge québécois. L'Appalachian Mountain Club (AMC) en gère huit, très beaux et très achalandés, dans les montagnes Blanches (capacité de 30 à 90 personnes). On dort en dortoir ; les couvertures sont fournies, mais mieux vaut apporter son sac de couchage si on est frileux, même l'été. L'organisation à l'américaine est réglée comme du papier à musique : lever à 7 h, souper à 18 h dans une ambiance conviviale, avec petit spectacle humoristico-écolo, un brin moralisateur, donné en prime par les jeunes employés de l'AMC. Comptez 89 $US par nuit (demi-tarif pour les enfants, avec deux repas très complets l'été ; 30 $ sans repas l'hiver, tard en automne ou tôt au printemps.

nos trouvailles

High Huts of the White Mountains
Un magnifique petit livre sur l'histoire, la philosophie et les attraits des refuges des montagnes Blanches. Vendu dans les boutiques de l'Appalachian Mountain Club, qui le publie.

Refuges Gray Knob, Crag Camp, Log Cabin et The Perch
Randolph Mountain Club
www.randolphmountainclub.org
Moins chers que les *huts*, ces petits refuges sont accrochés sur le flanc nord-ouest de la chaîne présidentielle, dans le secteur des monts Adams et Jefferson. Premier arrivé, premier servi : on n'accepte aucune réservation.

Shapleigh Bunkhouse
603 466-2727 ou www.outdoors.org
Une petite maison avec dortoir, attenante au Highland Center, à Crawford Notch, c'est la solution idéale pour dormir en groupe (16 places) au pied des sommets (35 $ la nuit avec petit déjeuner, 58 $ avec souper en plus). On peut faire sa cuisine ou manger au centre et profiter des activités gratuites.

Côte atlantique
De la rivière à l'océan

L'ÉTAT DU NEW HAMPSHIRE s'étire en longueur avec à peine 29 km de côte plongeant dans l'océan Atlantique. Mais quelle côte ! Une succession de plages nettement moins courues que leurs voisines du Maine, des falaises, des îles et un pittoresque port de pêche, Portsmouth, bâti sur une presqu'île propice aux excursions en kayak de mer.

La sortie en kayak démarre au ponton de la marina et se poursuit sur la rivière sinueuse dans un décor surprenant, celui de la vie des gens riches et célèbres, avec leurs villas de style Nouvelle-Angleterre, leurs hors-bord ou leurs voiliers de luxe. On pagaie gentiment entre les îles qui marquent l'entrée du port de Portsmouth. Au bout d'une heure, le groupe dépasse une longue jetée. La mer est enfin là, avec ses goélands piailleurs, sa brise saline, ses algues odorantes et ses promesses de grand large. On n'a guère le temps de rêver, toutefois : l'océan a ses exigences. Le vent est impétueux et la faible houle fait place à de vraies vagues. Le périple côtier prend des allures nettement plus sportives qu'en rivière. L'arrêt de rigueur se fait sur l'île New Castle, à l'abri d'une autre jetée de pierre. Au sud de cette île, la jolie plage de l'Odiorne Point State Park, face à la mer, attire les regards mais pas question de s'y rendre avec ce fort vent du nord-est. On profitera du lendemain, doux et chaud, pour s'y rendre en voiture et s'y baigner…

Repères Pour obtenir de l'information touristique :
Portsmouth Chamber of Commerce
500, Market Street
603 436-1118 ou www.portsmouthchamber.org

Comment s'y rendre

Autoroute 93 jusqu'à Concord, puis route 4 Est jusqu'à Portsmouth.

Un pied sur les îles

Du port de Portsmouth, on peut se rendre sur l'île Star ou sur l'île Appledore (faisant partie de l'archipel des Isles of Shoals) pour y pique-niquer et y marcher quelques heures. L'île Star est la plus courue. L'Oceanic Hotel, grosse bâtisse réservée aux membres de l'Église universelle, occupe une bonne part du terrain, mais on peut se promener partout sur l'île. Certains préfèrent Appledore, l'île voisine, plus nature mais dont l'accès est limité. Ancienne propriété de Celia Thaxter, romancière et poétesse, elle abrite toujours son petit jardin de fleurs savamment entretenu. L'île appartient aujourd'hui à un laboratoire scientifique marin et sert de lieu d'expérimentation. Ce sanctuaire d'oiseaux peut être un vrai parcours du combattant en période de nidification pour ceux qui n'aiment pas la proximité de la gent ailée…
Isles of Shoals Steamship : 315, Market Street, Portsmouth ; 1 800 441-4620 ou www.islesofshoals.com
Shoals Marine Laboratory (réservations pour Appledore) : 607 964 9011 ou www.sml.cornell.edu

Deux roues sur la côte

Il est ultrafacile d'aller à bicyclette du centre-ville de Portsmouth jusqu'au bord de la mer par la route panoramique 1A. Elle file vers le sud, traverse d'abord un quartier chic de maisons victoriennes avant de rejoindre l'Odiorne Point State Park. C'est dans ce parc aux allures de marécage, avec des kilomètres de sentiers accessibles en vélo, que les premiers colons débarquèrent en Amérique en 1623. Les enfants trouveront que le Seacoast Science Center (aussi dans le parc) est l'endroit rêvé pour toucher toutes sortes de créatures marines ou pour les voir à l'aquarium. La route panoramique longe encore la côte sur une trentaine de kilomètres, avec une dizaine de plages et de parcs pour pique-niquer ou se baigner.
Seacoast Science Center :
570, Ocean Boulevard, Rye ;
603 436-8043 ou www.seacentr.org

Franconia
À flanc de gorge

DEUX MILLE KILOMÈTRES de sentiers menant parfois aux plus hauts sommets de l'est des États-Unis : les possibilités de longues randonnées pédestres dans les montagnes Blanches sont multiples et variées, notamment sur le réputé Appalachian Trail, qui passe par les plus hauts monts de la chaîne dite présidentielle (portant le nom d'anciens présidents des États-Unis).

La région de Franconia Notch (nord-ouest) compte de très beaux sites pour des randonnées d'une journée ou moins, avec ou sans enfant ! L'autoroute 93 vous mène au cœur du Franconia Notch State Park, dans une vallée fortement encaissée, un défilé long de 12 km, avec le lac Echo au nord (bordé d'une jolie petite plage), la gorge Flume au sud et le grand mont Lafayette qui se devine à l'ouest.

Le petit parc de la gorge Flume, au pied du mont Liberty, offre une courte balade en forêt menant à la gorge elle-même. En une heure et demie, on a bouclé le circuit de 3,2 km. Profonde de 230 m, la gorge a été découverte en 1808. Le granit datant de 200 millions d'années s'est fracturé verticalement à l'époque glaciaire pour dégager ce long passage. On marche le long de la paroi, sur des passerelles de bois, avec à portée de main ce granit rose ou verdâtre (à cause de l'humidité ambiante). L'eau suinte à travers la roche, les lichens sont magnifiques, le bruit de l'eau est omniprésent. Et cette belle balade finit en apothéose de cascades. N'oubliez pas la petite veste, même en plein été !

Repères Centre des visiteurs de Flume
603 745 8391 ou www.flumegorge.com

Comment s'y rendre

Autoroute 91 jusqu'à Saint Johnsbury et autoroute 93, sortie 34 A, pour entrer dans la vallée menant à Flume.

L'Old Man n'a plus toute sa tête

La région a perdu en mai 2003 l'un de ses principaux attraits : une immense tête rappelant celle d'un humain, naturellement sculptée dans la pierre sur les flancs du mont Cannon, non loin de Franconia. L'Old Man of the Mountains, tout en granit, s'est fait défigurer par une malencontreuse chute de pierre. Son souvenir continue néanmoins d'attirer les touristes dans la région.

Les *notchs* des montagnes Blanches

Le nom est donné à presque toutes les vallées encaissées du nord du New Hampshire (dont celle de Franconia) à cause de leur forme en V. Les premiers colons et bûcherons appelaient *notchs* les entailles faites sur les arbres à couper. Ils n'ont pas cherché plus loin pour donner un nom à ces couloirs étroits, encadrés par les montagnes de granit, qu'ils découvraient en colonisant le territoire. Ce sont les marins qui ont qualifié la chaîne de «White Mountains» en voyant de loin ses sommets enneigés.

Lac Winnipesaukee
Le lac vu
d'en haut

LA RÉGION DES LACS (270 avec autant d'îles) occupe la partie centrale de l'État du New Hampshire.
L'immense lac Winnipesaukee compte à lui seul
des kilomètres de rivage, bordé de résidences, de
marinas, d'hôtels. Pour le voir de haut en toute
tranquillité, une seule direction : le mont Major,
accessible par un sentier facile en une heure et demie tout au plus. La marche débute sur un sentier
forestier qui grimpe petit à petit pour atteindre
un premier sommet dégagé. Ce chemin finit à découvert sur d'immenses dalles rocheuses. Mille
pieds de dénivelé pour rejoindre le septième ciel :
un panorama hors pair – sur 360 degrés – pour
un pique-nique en plein air, surtout s'il fait beau.
Du sommet, près des ruines d'un ancien refuge,
on a vraiment une superbe vue au nord sur le lac
Winnipesaukee, avec ses rives très découpées et
ses multiples îles, dont la Rattlesnake, à la nature
luxuriante. On revient par le sentier principal (3,6
km au total) ou on emprunte le Boulder Loop
Trail pour une boucle à peine plus longue, marquée en blanc et orange. En chemin, goûtez aux
bleuets… en saison.

Repères Info touristique sur la région :
1 800 605-2537 ou www.lakesregion.org

Comment s'y rendre

Accès au mont Major par la route 11, à l'est de Laconia. Le sentier, bien identifié «Mount Major Trail», se prend à partir de la route 11A.

Canterbury : le village des Shakers

Au sud de la région des lacs, ne manquez pas le village historique de la communauté des Shakers de Canterbury. C'est l'un des plus vieux d'Amérique du Nord. Il se visite désormais comme un musée, mais il grouillait de vie au XVIIIe siècle quand quelque 300 personnes y vivaient, subvenant à leurs besoins grâce à la vente de leurs produits agricoles ou artisanaux. Les Shakers formaient une communauté religieuse très particulière, prônant le célibat et le pacifisme, l'égalité des sexes et des races, le partage des biens. Entrepreneurs prospères plutôt que religieux contemplatifs, ils étaient reconnus pour leur inventivité, étant notamment passés maîtres en artisanat (leurs balais de paille sont parmi les plus solides !). La plupart des bâtiments sont ouverts aux visiteurs.

Sortie 18 de l'autoroute 93; 288, Shaker Road, Canterbury ; 603 783-9511 ou www.shakers.org

nos trouvailles

The Shaker Table
Village Shaker
Canterbury
603 783-9511 ou www.shakers.org
Un restaurant beau, bon, pas trop cher, qui sert des produits bio du village des Shakers.

Gunstock Recreation Area
Route 11A à partir de Gilford, puis suivre les indications pour Gunstock
1 800 486-7862 ou
www.gunstock.com
Parc au pied d'une station de ski alpin, avec un joli camping aménagé, de même que des sentiers pédestres et de vélo de montagne.

High Meadows Farms
Wolfeboro
603 539-6052 ou
www.highmeadowsfarms.com
Pour faire de l'équitation à deux pas du lac Winnipesaukee.

Pas seulement pour les enfants !

À Holderness, au bord du lac Squam (nord de la région des lacs), les familles sont choyées. Le centre de la nature (Squam Lakes Natural Science Center) est un bon endroit pour se promener avec de jeunes enfants tout en faisant œuvre éducative. Ex-blessés ou orphelins, les animaux sont présentés ici sur un parcours extérieur de 1,6 km dans un habitat aussi naturel que possible. De nombreuses activités sont organisées sur place ou sur le lac tout proche. Le centre propose aussi une excursion en bateau avec visite guidée d'une journée sur une île qui lui appartient, l'île Raggled, exceptionnellement bien protégée, située au nord du lac Winnipesaukee.

Route 113, Holderness ; 603 968-7194 ou www.nhnature.org

Mont Washington
À vos mollets...

LA RÉGION DU MONT WASHINGTON, au nord-ouest des montagnes Blanches, regorge de possibilités pour le vélo de route et le vélo de montagne… à condition d'avoir de bons mollets ! Pour démarrer en douceur, rendez-vous au Great Glen Trails Outdoor Center qui dispose de 32 km de pistes sympathiques utilisées pour le ski de fond en hiver. Passé un petit tunnel qui traverse la grand-route, on peut s'amuser longtemps à travers les boucles du circuit qui longe la rivière ou grimpe dans la forêt au nord du mont Washington. Il y en a vraiment pour tous les goûts : des pistes pour débutants et des parcours nettement plus ardus. Dans la partie basse du terrain, on s'en donne à cœur joie sur les buttes ou on expérimente des techniques de freinage sans danger de se faire mal. Les marcheurs sont aussi les bienvenus.

Un des plus beaux circuits de vélo de route (à faire en tout ou partie) se nomme White Mountain Trail. Il couvre une bonne partie de la région. Il descend à l'ouest de Franconia à Lincoln (par piste cyclable) avant de filer vers l'ouest en bordure de la Kancamagus Highway, pour remonter de Conway à Glen et terminer la boucle par la superbe route 302. On trouve des campings partout sur ce circuit. Si vous voyagez en voiture, n'oubliez pas de vous procurer le permis de stationnement de la White Mountain National Forest (3 $US pour la journée, 5 $ pour 7 jours, 20 $ pour l'année : en vente dans les boutiques et les centres d'information touristique).

Repères Great Glen Center
Location de vélos, de skis et de raquettes ; mur d'escalade intérieur et excursions guidées en kayak ; petit café sur place.
Info : 603 466-2333 ou www.greatglentrails.com
Pour trouver les cartes des parcours cyclables :
www.nh.gov/dot/nhbikeped ou
www.whitemountainstrail.com

Comment s'y rendre

Route 16, au sud de Gorham, près de Pinkham Notch, au départ de la route menant au mont Washington.

nos trouvailles

Mount Washington Hotel
Route 302
Bretton Woods
1 800 258-0330 ou
www.brettonwoods.com
Pour prendre un apéro au coucher du soleil sur la gigantesque terrasse de cet hôtel réputé, érigé en 1902. Vue imprenable sur la montagne magique.

Joe Dodge Lodge
Pinkham Notch
603 466-2727 ou
www.outdoors.org
Au pied du mont Washington, hébergement et repas à la mode AMC (Appalachian Mountain Club) : chambres modestes, privées ou partagées ; cuisine santé de style familial, bonnes soupes et desserts maison, et toujours un plat végétarien.

Camping Dry River
Route 302, à mi-chemin entre Twin Mountain et North Conway
603 271-3628
Tout petit et tout mignon camping du Crawford Notch State Park.

Kancamagus Highway

Voici l'une des routes panoramiques les plus réputées de la Nouvelle-Angleterre, à faire en auto (sans excès de vitesse, car la police s'y balade souvent) ou en vélo, si l'on ne craint pas de grimper par-dessus le mont Kancamagus (915 m) pour redescendre ensuite. La Kancamagus Highway n'a rien d'une autoroute même si elle est très fréquentée. Longue de 54 km, elle relie Lincoln, côté est, à Conway, côté ouest. Elle traverse une forêt majestueuse et les vues sur les montagnes sont nombreuses. Plusieurs stationnements et sites d'observation longent la route. Les sentiers de randonnée pédestre ne manquent pas aux alentours, et six campings sont dispersés le long du parcours.

Le train sifflera souvent

Le mont Washington adore les superlatifs : le plus haut sommet des montagnes Blanches avec ses 1917 m, le plus dangereux en raison notamment des vents violents (le plus fort vent du monde y a été enregistré en 1934 : 370 km/h !), une brume légendaire… comme son train touristique, le Cog Railway, absolument irrésistible. Sa vieille locomotive au charbon traîne un unique wagon sur un rail à crémaillère qui fonctionne comme une chaîne de vélo. On grimpe ainsi dans la brume, au ras des rochers, sur une pente avoisinant les 45 degrés, dans une atmosphère quasi mystique. La voie ferrée, qui date de 1866 et qui tient parfois sur pilotis, parfois avec des câbles, longe une nouvelle piste de ski alpin. On peut ainsi monter en train et descendre en ski.
Route 302, Bretton Woods ; 1 800 922-8825, 603 278-5404 ou www.thecog.com

RAQUETTE Géologie

Parc des Adirondacks
À grands coups de babiche

LE PARC DES ADIRONDACKS a été créé en 1892 par l'État de New York afin de préserver les ressources hydriques et forestières de cet immense territoire. Ce parc, situé à moins de deux heures de Montréal, est la plus vaste aire protégée publique des États-Unis (Alaska exclu) et couvre une superficie supérieure à celles des parcs nationaux de Yellowstone, du Grand Canyon et des Everglades réunies. Avec près de 3000 lacs, plusieurs sommets dépassant les 1000 m et des écosystèmes de milieux humides et de forêts matures uniques, le parc des Adirondacks est sans conteste un terrain de jeu fabuleux pour l'amateur de plein air.

Le mont Giant, le douzième plus haut des Adirondacks, est peu connu au Québec. Culminant à plus de 1400 m, il représente pourtant une destination exceptionnelle pour l'amateur de raquette en quête d'adrénaline. En ce matin d'avril, nous sommes plus de 25 à affronter ce géant. Deux sentiers nous sont proposés pour atteindre le sommet : le Ridge (4,7 km, 930 m de dénivelé) et le Roaring Brook (5,8 km, 1029 m de dénivelé). « Mais aucun des deux n'est facile ! » lance Rachel, une guide bénévole. Qu'on se le tienne pour dit !

Le sentier Ridge est, selon plusieurs, le plus spectaculaire. Après une première section plutôt raide, un joli panorama devient prétexte à souffler

un brin. Nous croisons ensuite un petit lac discret dans lequel se reflète une imposante paroi rocheuse. Les sections de glace, de roche et de neige alternent avec poésie, nous obligeant parfois à rengainer les raquettes au profit des crampons. À partir de la moitié du parcours, une longue section de roches nues permet de découvrir de nombreux points de vue saisissants, hiver comme été. Du sommet, la vue époustouflante sur les montagnes alentours est du pur bonbon dont on serait fou de se passer !

Repères Aller-retour par le sentier Ridge : 9,4 km. Dénivelé : 930 m. Durée : environ 6 heures. Pour en savoir plus sur les Adirondacks : www.apa.state.ny.us ou www.adk.org

Comment s'y rendre

Autoroute 87 Sud en direction de New York jusqu'à la sortie 34, puis 9N en direction sud jusqu'au village de Keene. De là, route 73 en direction de Keene Valley. Stationnements pour les deux sentiers situés un peu après le village de Saint Huberts.

Un peu de géologie

Contrairement à la croyance populaire, les Adirondacks ne font pas partie des Appalaches. Elles sont les seules montagnes de l'est des États-Unis qui n'ont pas de lien de filiation avec ces dernières. Elles sont plutôt associées à une formation géologique beaucoup plus vieille : le fameux bouclier canadien. Dans l'ensemble, les roches de cette région sont parmi les plus anciennes de la planète. La roche qui compose la majorité de la région des High Peaks est de l'anorthosite, une roche apparemment fort commune... sur la Lune !